中国古代藏书

李楠 李杰 编著

中国商业出版社

图书在版编目（CIP）数据

中国古代藏书/李楠，李杰编著. -- 北京：中国商业出版社，2014.5（2022.1重印）

ISBN 978-7-5044-8537-3

Ⅰ.①中… Ⅱ.①李…②李… Ⅲ.①藏书-历史-中国-古代 Ⅳ.①G259.29

中国版本图书馆CIP数据核字（2014）第299130号

责任编辑：刘洪涛

中国商业出版社出版发行
010-63180647　www.c-cbook.com
（100053 北京广安门内报国寺1号）
新华书店经销
三河市吉祥印务有限公司印刷

*

710毫米×1000毫米　16开　12.5印张　200千字
2014年5月第1版　2022年1月第2次印刷
定价：25.00元

* * *

（如有印装质量问题可更换）

《中国传统民俗文化》编委会

主　编　傅璇琮　著名学者，国务院古籍整理出版规划小组原秘书长，清华大学古典文献研究中心主任，中华书局原总编辑

顾　问　蔡尚思　历史学家，中国思想史研究专家
　　　　卢燕新　南开大学文学院教授
　　　　于　娇　泰国辅仁大学教育学博士
　　　　张骁飞　郑州师范学院文学院副教授
　　　　鞠　岩　中国海洋大学新闻与传播学院副教授，中国传统文化研究中心副主任
　　　　王永波　四川省社会科学院文学研究所研究员
　　　　叶　舟　清华大学、北京大学特聘教授
　　　　于春芳　北京第二外国语学院副教授
　　　　杨玲玲　西班牙文化大学文化与教育学博士

编　委　陈鑫海　首都师范大学中文系博士
　　　　李　敏　北京语言大学古汉语古代文学博士
　　　　韩　霞　山东教育基金会理事，作家
　　　　陈　娇　山东大学哲学系讲师
　　　　吴军辉　河北大学历史系讲师

策划及副主编　王　俊

序　言

　　中国是举世闻名的文明古国,在漫长的历史发展过程中,勤劳智慧的中国人创造了丰富多彩、绚丽多姿的文化。这些经过锤炼和沉淀的古代传统文化,凝聚着华夏各族人民的性格、精神和智慧,是中华民族相互认同的标志和纽带,在人类文化的百花园中摇曳生姿,展现着自己独特的风采,对人类文化的多样性发展做出了巨大贡献。中国传统民俗文化内容广博,风格独特,深深地吸引着世界人民的眼光。

　　正因如此,我们必须按照中央的要求,加强文化建设。2006年5月,时任浙江省委书记的习近平同志就已提出:"文化通过传承为社会进步发挥基础作用,文化会促进或制约经济乃至整个社会的发展。"又说,"文化的力量最终可以转化为物质的力量,文化的软实力最终可以转化为经济的硬实力。"(《浙江文化研究工程成果文库总序》)2013年他去山东考察时,再次强调:中华民族伟大复兴,需要以中华文化发展繁荣为条件。

　　正因如此,我们应该对中华民族文化进行广阔、全面的检视。我们应该唤醒我们民族的集体记忆,复兴我们民族的伟大精神,发展和繁荣中华民族的优秀文化,为我们民族在强国之路上阔步前行创设先决条件。实现民族文化的复兴,必须传承中华文化的优秀传统。现代的中国人,特别是年轻人,对传统文化十分感兴趣,蕴含感情。但当下也有人对具体典籍、历史事实不甚了解。比如,中国是书法大国,谈起书法,有些人或许只知道些书法大家如王羲之、柳公权等的名字,知道《兰亭集序》

是千古书法珍品,仅此而已。

再如,我们都知道中国是闻名于世的瓷器大国,中国的瓷器令西方人叹为观止,中国也因此获得了"瓷器之国"(英语 china 的另一义即为瓷器)的美誉。然而关于瓷器的由来、形制的演变、纹饰的演化、烧制等瓷器文化的内涵,就知之甚少了。中国还是武术大国,然而国人的武术知识,或许更多来源于一部部精彩的武侠影视作品,对于真正的武术文化,我们也难以窥其堂奥。我国还是崇尚玉文化的国度,我们的祖先发现了这种"温润而有光泽的美石",并赋予了这种冰冷的自然物鲜活的生命力和文化性格,如"君子当温润如玉",女子应"冰清玉洁""守身如玉";"玉有五德",即"仁""义""智""勇""洁";等等。今天,熟悉这些玉文化内涵的国人也为数不多了。

也许正有鉴于此,有忧于此,近年来,已有不少有志之士开始了复兴中国传统文化的努力之路,读经热开始风靡海峡两岸,不少孩童以至成人开始重拾经典,在故纸旧书中品味古人的智慧,发现古文化历久弥新的魅力。电视讲坛里一拨又一拨对古文化的讲述,也吸引着数以万计的人,重新审视古文化的价值。现在放在读者面前的这套"中国传统民俗文化"丛书,也是这一努力的又一体现。我们现在确实应注重研究成果的学术价值和应用价值,充分发挥其认识世界、传承文化、创新理论、资政育人的重要作用。

中国的传统文化内容博大,体系庞杂,该如何下手,如何呈现?这套丛书处理得可谓系统性强,别具匠心。编者分别按物质文化、制度文化、精神文化等方面来分门别类地进行组织编写,例如,在物质文化的层面,就有纺织与印染、中国古代酒具、中国古代农具、中国古代青铜器、中国古代钱币、中国古代木雕、中国古代建筑、中国古代砖瓦、中国古代玉器、中国古代陶器、中国古代漆器、中国古代桥梁等;在精神文化的层面,就有中国古代书法、中国古代绘画、中国古代音乐、中国古代艺术、中国古代篆刻、中国古代家训、中国古代戏曲、中国古代版画等;在制度文化的层面,就有中国古代科举、中国古代官制、中国古代教育、中国古代军队、中国古代法律等。

此外,在历史的发展长河中,中国各行各业还涌现出一大批杰出人物,至今闪耀着夺目的光辉,以启迪后人,示范来者。对此,这套丛书也给予了应有的重视,中国古代名将、中国古代名相、中国古代名帝、中国古代文人、中国古代高僧等,就是这方面的体现。

生活在21世纪的我们,或许对古人的生活颇感兴趣,他们的吃穿住用如何,如何过节,如何安排婚丧嫁娶,如何交通出行,孩子如何玩耍等,这些饶有兴趣的内容,这套"中国传统民俗文化"丛书都有所涉猎。如中国古代婚姻、中国古代丧葬、中国古代节日、中国古代民俗、中国古代礼仪、中国古代饮食、中国古代交通、中国古代家具、中国古代玩具等,这些书籍介绍的都是人们颇感兴趣、平时却无从知晓的内容。

在经济生活的层面,这套丛书安排了中国古代农业、中国古代经济、中国古代贸易、中国古代水利、中国古代赋税等内容,足以勾勒出古代人经济生活的主要内容,让今人得以窥见自己祖先的经济生活情状。

在物质遗存方面,这套丛书则选择了中国古镇、中国古代楼阁、中国古代寺庙、中国古代陵墓、中国古塔、中国古代战场、中国古村落、中国古代宫殿、中国古代城墙等内容。相信读罢这些书,喜欢中国古代物质遗存的读者,已经能掌握这一领域的大多数知识了。

除了上述内容外,其实还有很多难以归类却饶有兴趣的内容,如中国古代乞丐这样的社会史内容,也许有助于我们深入了解这些古代社会底层民众的真实生活情状,走出武侠小说家加诸他们身上的虚幻的丐帮色彩,还原他们的本来面目,加深我们对历史真实性的了解。继承和发扬中华民族几千年创造的优秀文化和民族精神是我们责无旁贷的历史责任。

不难看出,单就内容所涵盖的范围广度来说,有物质遗产,有非物质遗产,还有国粹。这套丛书无疑当得起"中国传统文化的百科全书"的美誉。这套丛书还邀约大批相关的专家、教授参与并指导了稿件的编写工作。应当指出的是,这套丛书在写作过程中,既钩稽、爬梳大量古代文化文献典籍,又参照近人与今人的研究成果,将宏观把握与微观考察相结合。在论述、阐释中,既注意重点突出,又着重于论证层次清晰,从多角度、多层面对文化现象与发展加以考察。这套丛书的出版,有助于我们走进古人的世界,了解他们的生活,去回望我们来时的路。学史使人明智,历史的回眸,有助于我们汲取古人的智慧,借历史的明灯,照亮未来的路,为我们中华民族的伟大崛起添砖加瓦。

是为序。

2014年2月8日

前　言

　　文献是新旧、中西各种社会思潮汇聚、碰撞的最主要的文化载体，也是中华民族发展壮大和新中国文化走向繁荣的见证，其思想文化价值和历史研究价值都很高。

　　古籍类文物因个体存世量小，鉴定难度大等原因，过去备受冷落。在当今鱼龙混杂的艺术品收藏投资市场上，古籍善本的稀有性、唯一性、不可再生性、难以造假性等特点正在被人们逐渐认识，藏家队伍日益扩大。

　　"人生百病有愈时，唯有书淫不可医。"万事皆易满足，唯有藏书无尽。与时光一起关注古籍珍本的鉴藏，知识和经验都在积累。文化传承要靠一代代人来做，凡有大成者，必忘怀得失，自甘其乐。

　　中国人不但喜欢读书，而且喜欢藏书。中国文人向来把坐拥书山看得比坐拥金山还重要，因为他们深知"书中自有黄金屋"的道理。

　　中国古代的藏书文化由官府藏书、私家藏书、寺观藏书、书院藏书四个系统组成，各个系统的形成与发展又与一定时代的政治、经济、文化等背景密切关联，形成了各自的特点。在古代中国，承担图书收藏的主体是历代的官、私藏书楼。

中国历代著名的藏书家仅局限于官宦、富商和文化名门的圈子，他们声名显赫，家道殷实，藏书不图后报，绝少功利。藏书家对某件古籍所作的考虑比一般鉴赏者更深入，无论对自己、对藏品都更具责任心。

中国的藏书文化源远流长，其史、论、人、事、韵、趣都很耐人寻味。中国藏书文化不仅源远流长，而且丰富多彩，在世界藏书史上占有重要地位。把藏书赞誉为金简玉字，演化成一个个美妙神话，但也多灾多难，"遇禁毁，藏宅壁以流传；遭世变护石仓得保存"。在今天，继承传统文化，发扬藏书精神之责，又落在了我们这一代的身上。

《中国古代藏书》一书是一本具有知识性、趣味性的普及读物。该书按照中国藏书文化的特征，通过大量史料和逸闻趣事，力求全面、简要地介绍中国古今图书的演变，藏书发展的曲折历程及当代藏书活动的热点。书中配有上百幅历代书影、版刻图案、藏书印及藏书票等，犹如藏书文化之缩影。

目录

第一章 聚散两依依——古代藏书文化

第一节 人类智慧的结晶——古代书籍源流 2

简牍时期 2

卷轴时期 3

线装时代 3

雕版印刷术的发明 4

宋代刻书写华章 5

明清刻书盛况空前 6

第二节 云想衣裳花想容——古籍装帧和形式 10

书籍的装帧 10

卷轴装 10

旋风装 11

经折装 12

蝴蝶装 12

包背装 13

线装 14

第三节　室雅自闻翰墨香——古代藏书概论 …………… 16

国家藏书 …………………………………… 16
私家藏书 …………………………………… 17
书院藏书 …………………………………… 18
寺院藏书 …………………………………… 18
藏书印 ……………………………………… 19

第四节　衣冠如见列仙图——古籍珍本鉴赏 …………… 23

珍本 ………………………………………… 24
善本 ………………………………………… 24
禁毁本 ……………………………………… 26
孤本 ………………………………………… 27
秘本 ………………………………………… 28
其他版本 …………………………………… 29

第二章　但见金匮溢宝气——古代国家藏书

第一节　天禄琳琅御之宝——皇室藏书 …………… 32

皇室藏书概述 ……………………………… 32
汉宫兰台藏书 ……………………………… 36
唐宫弘文馆藏书 …………………………… 36
唐宫集贤院藏书 …………………………… 37
宋宫秘阁藏书 ……………………………… 40
宋宫太清楼藏书 …………………………… 42

元宫奎章阁藏书 …………………………………………… 43
元宫秘书监藏书 …………………………………………… 43
明宫司礼监藏书 …………………………………………… 44
清宫方略馆藏书 …………………………………………… 44
清宫内阁大库藏书 ………………………………………… 46
清宫上书房藏书 …………………………………………… 48

第二节　地方教化沐福泽——官府藏书 …… 50

官府藏书概述 ……………………………………………… 50
宋代成都府藏书 …………………………………………… 51
宋代建康府藏书 …………………………………………… 52
明代南京国子监藏书 ……………………………………… 52
清代翰林院藏书 …………………………………………… 54
清代国子监藏书 …………………………………………… 56

第三章　圣贤师友同沾溉——书院藏书

第一节　读书万卷圣贤心——书院藏书概述 …… 60

书院藏书的起源 …………………………………………… 60
书院藏书的发展 …………………………………………… 60
书院藏书的来源 …………………………………………… 62
书院藏书的特点 …………………………………………… 64

第二节　传注六经光往圣——历代著名书院藏书 …… 65

唐代义门书院藏书 ………………………………………… 65

宋代丽泽书院藏书 ·· 66
明代白鹿洞书院藏书 ··· 67
清代鳌峰书院藏书 ·· 68
清代龙门书院藏书 ·· 69
清代箴言书院藏书 ·· 70
清代广雅书院藏书 ·· 72
清代格致书院藏书 ·· 73

第四章　寺观山寿书也寿——寺观藏书

第一节　佛道异流同观书——寺观藏书概述 ············ 76

佛教寺院藏书 ·· 76
道教宫观藏书 ·· 80

第二节　古寺名观书同文——历代著名寺观藏书 ······ 81

庐山东林寺藏书 ··· 81
京师西明寺藏书 ··· 82
杭州灵隐寺藏书 ··· 82
镇江焦山寺藏书 ··· 85
天台山桐柏宫藏书 ··· 85

第五章　千秋仰止宫墙近——古代私家藏书

第一节　百代渊源俎豆馨——私家藏书概述 ············ 88

私家藏书的历史沿革 ·· 88

私家藏书的特点和主要贡献 ················· 90

第二节　庋藏检校穷余年——藏书家藏书 ········· 92

藏书家藏书概论 ····························· 92

尤袤藏书 ··································· 94

叶盛藏书 ··································· 96

吴宽藏书 ··································· 98

杨士奇藏书 ································· 100

黄虞稷藏书 ································· 102

钱曾藏书 ··································· 103

周亮工藏书 ································· 104

惠栋藏书 ··································· 105

沈曾植藏书 ································· 107

缪荃孙藏书 ································· 108

方功惠藏书 ································· 111

孙星衍藏书 ································· 112

周永年藏书 ································· 115

黄丕烈藏书 ································· 116

莫友芝藏书 ································· 119

李盛铎藏书 ································· 122

叶德辉藏书 ································· 124

第三节　斑斑缃帙美九州——藏书楼藏书 ········· 126

藏书楼藏书概述 ····························· 126

绿雨楼藏书 ································· 128

万卷楼藏书 …… 129

天一阁藏书 …… 130

小酉馆藏书 …… 133

脉望馆藏书 …… 135

汲古阁藏书 …… 139

曝书亭藏书 …… 142

铁琴铜剑楼藏书 …… 145

爱日精庐藏书 …… 148

海源阁藏书 …… 152

八千卷楼藏书 …… 155

皕宋楼藏书 …… 158

古越楼藏书 …… 162

嘉业堂藏书 …… 164

第四节　心清自得诗书味——古代名家藏书 …… 167

名家藏书概述 …… 168

纪晓岚藏书 …… 168

林则徐藏书 …… 170

曾国藩藏书 …… 172

盛宣怀藏书 …… 175

康有为藏书 …… 178

参考书目 …… 181

第一章

聚散两依依——古代藏书文化

中国是世界上伟大的文明古国之一，有着极其灿烂的古代文明。古代典籍之多，居于世界之首。研究我国的藏书史是研究我国文化史的一个重要方面，是打开我国文明宝库的一把钥匙，因而有着重要意义。

第一节
人类智慧的结晶——古代书籍源流

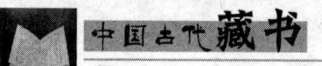

书籍是人类智慧的结晶，是社会的精神财富、知识宝库，也是培养人才的摇篮，更是历史进程的记录。它的创造、积累和传播，构成了人类文明历史长河的组成部分。

书籍凝聚了全人类的智慧，浓缩了几千年的文明历史。迄今为止，在各种文化载体中，仍只有印刷品才是最正宗、最到位、最隽永、最具收藏价值的。

书者述也，即以文字记述。书的含义较多，现代人称书为书籍，以别于书法。

书籍之肇始甚早，文字发明之后即有书籍。不过各代所用书写之材料及装订形式各不相同。从上古至清代，所有书籍以其形式的不同，可分为三个时期：由上古至周末为简牍时期，由秦至唐为缣帛时期，由宋至清为纸书时代。分述如下。

简牍时期

秦代以前用竹木载文。载于竹者称为简，载于木者称为牍，连编简牍则称为策。

古人将大事书之于策，小事则书之于简牍。最早是用刀刻，然后用漆写，周宣王时开始用墨书。夏代以前，

竹简

社会文化完全赖此以推进，国家文明赖此以保存，与后世书籍功用相同。

简牍是最早的书，使用时间也最长，到了周末仍在流行。孔子读《易》，韦编三绝，韦编就是简策。所以，孔子时代所说的书籍仍然是简牍。

由上古至周代，所有书籍非简即牍，所以称此时期为简牍时期。

缣帛时期

因简牍之书难写，而所载文字有限，在秦以前人稀事少之时，尚可以应用。秦灭六国后，政府与民间的事务越来越繁杂，官私文书日益增多，以前的书写方式已经不足以运用，也不适于应用。

首先对此感到棘手的人是狱吏。狱吏记录，时间紧迫，不能任意积压，于是书写的改革由狱吏首倡。因写篆书特别耗时，故改篆书为隶书。另外，在竹木上书写也十分困难，便代之以缣素，以帛作书从此开始。但缣素价昂，一般平民无力购用，所以缣素虽兴，但只于官方通行，社会上并不普遍。所以，流传下来的典籍文书仍以简策保存者为多，抄录于缣素上的较少。

纸书时代

真正的书籍是从纸的发明开始的。纸是古代妇女在漂絮劳动中发明的。漂絮时，絮丝粘在有网格的帘席上，从而形成了纸状物。据史籍记载，公元105年，蔡伦改进造纸法，使用树皮、破布为原料，使能够书写文字的纸批量生产。纸比起笨重的竹木简和昂贵的缣帛来，具有轻便、价廉等优点，是书写的理想材料。到公元3世纪，纸作为书写材料已十分广泛，逐渐代替了竹简和缣帛。中国古代的纸的品种很多，开始是麻纸，随后又出现了皮纸和竹纸。优质的纸坚韧、洁白、平滑，千年不坏，有力地促进了文化的发展。

大约在魏晋之际，书籍开始废竹帛而用纸，因此写古书的历史也很长。直至两宋，纸写书的主流地位才被雕版印书所取代，隋唐五代的纸写书已被人视为难得的古书了。在历经宋元明清的千年变迁之后，古写本更是几近绝迹，只是由于近代敦煌莫高窟的惊世发现，才小有流传。

雕版印刷术的发明

印刷术的发明始于雕版，由此奠定了文化科学传播的基础，雕版印书也就成了中国古代社会文明进步和文化传承的先进载体。如今，雕版印刷这项工艺已成为国家首批非物质文化遗产中的一项，受到全世界的高度重视和探索研究。

雕版印刷术最早出现于何时文献并没有明确的文字记载，孙毓修所撰《中国雕版源流考》有载："世言书籍之有雕版，始自冯道，其实不然。监本始冯道耳。以今考之实，肇自隋时，行于唐世，扩于五代，精于宋人。"我们现在所能看到的雕版印刷的最早实物就是敦煌藏经洞出土的唐代咸通九年（868年）王玠所刻印的《金刚经》，经文卷末有"咸通九年四月十五日王玠为二亲敬造普施"的确切时间记载。如果以现存最早的有确切年号的实物为准，咸通九年为公元868年，将雕版印刷的起始时间定为唐代当不为过。

五代时期的后唐明宗朝宰相冯道看到市井坊间出售的版刻书籍大多是市民阶层常用的通俗读物和佛教经文以及皇历，而没有统治阶级和士大夫们所需求的儒家读本，于是请奏皇帝："敕令国子监集博士儒徒，将西京五经本，各以所业本经句读抄写注出，仔细看读。然后顾召能雕字匠人，各部随轶刻印，广颁天下，如诸色人等要写经书，并须依所印敕本，不得更使杂本交错。"朝廷准奏。后唐长兴三年（932年），由冯道主持雕版刊刻《九经》，历时20余年，历经后晋、后汉、后周三朝，至后周太祖广顺三年（953年），方才全部刊刻竣工，并将书板入库国子监内。这是历史上第一次由政府主持、官方雕版所印刷的儒家典籍，世称《五代监本九经》。因而后世很多人都认为雕版印刷术是五代后唐时冯道所创。确切地说，冯道是第一个倡导朝廷刊刻书籍的官员，其于保存文化典籍功不可没，但却非雕版印刷术的创制者。

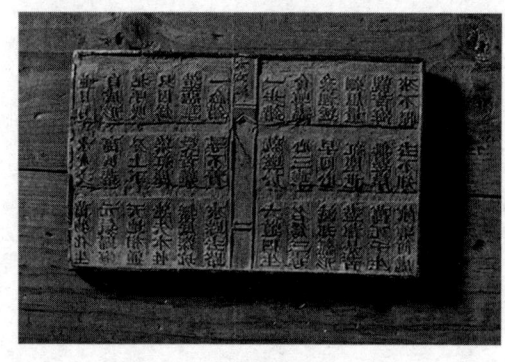

雕版印刷

宋代刻书写华章

中国的雕版印刷经历了五代的发展，到了宋代已经非常昌盛，雕印技术也有了飞速的提高。各级政府机构、私家、坊间的刻书都有了明显的进步。自宋太宗以后，社会读书治学风气渐渐浓厚，人们对书籍的需求量日益增大，因此，政府、书院、书铺、私人学者等都大规模地开展了刻书印书的活动。这些大大小小的机构互相影响，不但书写上版字体工整，刻印纸墨精良，而且校勘认真，并扩大了印书范围。这个时期所刻的书籍种类数量繁多，工艺质量精好，都是精益求精的佳品。除了刊刻儒家经典之外，还大量刊刻了史部、子部、医书、类书，以及唐宋文人诗歌、文选等内容的书籍。政府刻书以儒家经典为主，并于北宋开宝四年（971年）至太平兴国八年（983年）的十多年间在四川刊刻了工程浩大的大藏经，世称《开宝藏》。雕刻版片13万片，全部藏经共计480函，5000多卷，是中国历史上第一部佛教大藏经，在中国印刷史和出版史上都有着极其重要的意义。《开宝藏》至今只有十余卷存世，弥足珍贵。

中国古代著名的四大类书（《太平御览》《太平广记》《文苑英华》《册府元龟》），也是在这个雕版印刷事业空前繁荣的时期刊刻而成的。宋代政府动用了大量的人力、物力，宫廷里原有的藏书也因编著这几部大型的类书而被全部用上，在当时的社会上不容易见到的书籍和内容也被收集进了这四部类书中。这四部类书内容之宏富，资料之细致，刊刻之精美，都是前所未有的。

除了中央政府机构刻书，地方官府的刻书也有多种多样的形式。以官署的名称就可以分为转运司本、茶盐司本、提刑司本、安抚司本等。地方政府用公库钱款刻印的书，叫"公使库本"。现存国家图书馆的抚州公使库刊刻的《礼记释文》是近代著名藏书家陈澄中的旧藏，刻工细致，印刷精良，算得上是宋代地方刻书中的精品。

由于各级官衙学府刻书盛行，地主、官僚、士大夫们的私人刻书也因受其影响而逐渐增多。私家刻书也称"家刻本"，除了翻刻经文和官书以外，则以唐宋文集诗集居多。其中廖莹中世彩堂的刻书非常精美，代表作就是刊刻韩愈的《昌黎先生集》40卷和柳宗元的《河东先生集》40卷。建安的黄善夫刻有《史记索隐正义》130卷，序文后有"建安黄善夫刊于家塾之敬室"

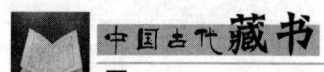

的牌记，版刻工整，讲究纸墨，印刷上乘。后世多采用黄善夫所刻的《史记》作为刻书底本，可见此书的精善程度之高。

知识链接

"邺架"

"邺架"是指唐代大藏书家李泌的藏书。典出韩愈诗《送诸葛觉往隋州读书》："邺侯家多书，插架三万轴。一一皆牙签，新若手未触。"李泌三代藏书，多达三万卷，是唐代最大的藏书家。他的藏书不仅多，而且分类精细，用不同颜色的牙签标明。李泌官至宰相，被封为邺县侯。他一度隐居南岳衡山，筑端居室藏书，这也是中国早期以特别含义命名的藏书楼之一。"邺架"一词连用，始见宋末许棐所撰《王文书目序》："吾见家韩棐而户邺架。"后世即以"邺架"代指藏书了。

明清刻书盛况空前

按刻版印刷机构性质的不同，我们把古代刻书大致分为官刻本、家刻本、坊刻本这三种大类。自宋代以后，历代都有官私刻书和坊间刻书。

明朝建立后，国民经济和社会生产力恢复迅速。朱元璋政府重视教育，开设了各类学堂，大量收集图书，整理前朝文献，学术得到了复苏和繁荣。明代中后期，手工业发达，封建资本主义工商业萌芽产生，加快了图书印刷事业的发展。明代中央政府刻书主要是由内府皇室刻书。内府由司礼监主持掌管，司礼监的附属机构经厂负责刻版印刷。印刷出来的书籍主要供皇室人员和太监等阅读，也有一部分用来赏赐臣子。司礼监刻本版式宏阔，字体舒朗，纸墨精良，印工极好，是当时一流的精美印刷品。其他地方刻书和私家坊间刻本都受其影响，不断进步，印刷水平自然节节提高。

明代国子监也是官方雕版印书的重要机构，南京国子监库存大量宋元时期的雕刻书版，还有不少元代各地儒学的书籍版片。国子监还积极对这些残缺不全、毁坏严重的版片进行补刻、补版，并重印一些重要的史书，这些版本被后人称为"三朝本"，即指宋、元、明三个朝代次递修补版片印刷而成的版本。从明嘉靖时期到崇祯末年，北京国子监刻《二十一史》较为出名，这些版片到了清朝初期的前几十年还在递修印刷。国子监是封建社会国家的教育管理机构和最高学府，明至清的国子监数百年递修诸史，版本之精善以及重视程度之非同一般。

明代的地方刻书有各地的布政司、按察司、儒学、书院等机构。各地藩王藩府刻书多选用宫廷赐赠的宋元善本为底本，加之藩王中有些人喜欢校勘、刻书，所以藩府刻书的版本、内容、印刷质量都是很高的。

明代中期以后的私人刻书盛行，正德、嘉靖、万历时期的私刻本非常多，刻书的主人多为著名的藏书家，家中有丰富的藏书作刻书基础，资料依据很多，其个人也是学问深厚，治学态度严谨，因此刻版印书的质量都很优秀。翻宋版、仿宋版的刻本，就是由私家刻书推广到官刻和书坊刻本里的。著名的私家刻书机构有震泽王延喆、范钦的天一阁，徽州吴勉学的师古斋、虞山毛晋的汲古阁等，尤其是明末毛晋的汲古阁刻书，可谓刊书宏富，闻名天下。明末至清初，汲古阁先后刻印了《十三经》《十七史》《六十种曲》《汉魏六朝三百名家集》等大型丛书和历代名著，对中国的私家刻书事业起到了巨大的推动作用。

明代书坊的刻本以福建建阳、江苏金陵、浙江杭州、北京地区为主。建阳是中国刻版印刷的最繁荣发达地区，如著名的慎独斋、勤有堂、清江书堂等，刊刻过不少好书。嘉靖时期，慎独斋刻成的《续资治通鉴纲目》27卷，重校勘，精雕刻，非常出名。金陵的世德堂、万卷楼、富春堂等书坊也都刻了不少图书，最著名的要算世德堂刻的仿宋本《六壬全书》。杭州容与堂雕版刻印的《李卓吾先生批评忠义水浒传》，世称《容与堂本水浒》，是《水浒传》最早的100回的雕版刻印本子。

清初，政府为了缓和民族矛盾，采取了很多怀柔政策，崇儒尊孔，网罗人才，倡导理学。同时，清王朝对图书的收集和整理也加大了力度，编纂了《古今图书集成》和《四库全书》等大型的类书，进一步促进了印刷事业的繁荣。中央政府主要由武英殿主持刻书，是清政府刻书的代表，刊刻了《康

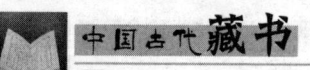

熙字典》和《武英殿丛书》等著名典籍。扬州诗局也承印清代内府的书籍，900卷的《全唐诗》就是扬州诗局刊刻的，世称扬州诗局本。清同治年间，各地陆续创办官书局，印书逐渐兴盛，以经部史部书籍为多，其所刻印之书通称"局本"。其中，金陵、浙江、湖北、江苏、淮南五个书局合刻了一部《二十四史》，世称"五局合刻本"。这在中国印刷史上是史无前例的，堪称清代地方官刻书的一大壮举。

　　清代的私家刻书达到了校勘精审、版刻精湛的程度，如毕沅刻《经训堂丛书》、卢见曾刻《雅雨堂丛书》、黄丕烈刻《士礼居丛书》、鲍廷博刻《知不足斋丛书》等。尤其是乾嘉时期私家刻书掀起了一股尊古刻、崇宋元的风气，其巨大的影响力推动刻书事业快速发展。清代书坊刻书更是灿若群星，如苏州的扫叶山房、文学山房，南京的聚锦堂、李光明庄，北京的宝文堂、老二酉堂等，都刊刻过不少优秀的图书。许多民间的大众读物——小说、戏曲、医书、类书、历书、唱本等，都是出自全国各地的书林坊肆。这些书的质量虽然不如官刻本、家刻本刊雕精美，但书坊刻本繁荣了市场，普及了社会文化，提高了基础教育，有着很大的文化贡献。这些书坊的刻本经营，也为清末民初的石印、铅印出版事业奠定了基础，后来的印书局、书馆、民间出版机构等，大多是由这些早期的书坊衍生而来的。

知识链接

古人祭书

　　古代人们崇拜信息，把图书神秘化了，一旦拥有了字画图书，必会秘而不宣，不让人知道，更不外借他人。很多藏书家把藏书楼建在水中央。楼上悬一牌："楼不迎客，书不借人。"唐代杜暹聚书万卷，每书后题字："清俸买来手自校，子孙读之知圣教，卖及借人为不孝。"更有甚者则是各种祭书活动的出现。

明代有一个藏书家，名李鹗忡（1557—1630年），字如一。他每见典籍，即使倾家荡产也得想法购回，每得书必焚香而拜。

黄丕烈（1763—1825年），江苏苏州人，喜好藏书，每购得好书，便约顾广圻、陶凫香等共作题签及跋语。黄丕烈乐于祭书。大年三十晚上，他将珍本书及稀有书供奉在香案上，香案上有蜡烛台和香炉。书陈列完毕，他先点燃蜡烛两支，再焚香于炉，并烧纸，然后揖拜三次，并作祭书图一幅。

叶昌炽有藏书记事诗描写黄丕烈祭书："得书图共祭书诗，但见咸宜绝妙词。翁不死时书不死，似魔似狂又如痴。"顾广圻《士礼居祭书诗》："归家倏忽岁将除，折简频邀共祭书。君作主人真不忝，我称同志幸非虚。仪文底用矜能创，故事还应永率初。更愿齐刊刊舍奠，每陪酹酒与肴蔬。"

中国有贾浪仙祭钱的故事，周栎园祭墨的故事，贾岛祭诗的故事，也有黄丕烈祭书的故事。黄丕烈祭书的目的在于他希望自己死后，假如他心爱的书散落四方，也会有个好藏主。黄丕烈的书是他费尽心血得来的，他花了大量的时间校勘、题跋图书。他希望他日此书即使易主，也可以得到妥善典藏。此外，祭书还表示了书是神圣的，是奇物，好书得来不易，表达了他对图书的敬重，表示了书是自己思想灵魂的归附。

第二节
云想衣裳花想容——古籍装帧和形式

书籍的装帧

书籍的装帧形式与书籍的制作材料和制作方法有着紧密联系。秦汉时代的人把一片一片的竹简或木简用皮绳编绑成册（亦称"简策"），这是中国书籍初期的装订形式。随着社会生产力的发展、书籍材料和制作方法的进步，书籍的装帧也变得多种多样。

综观历代典籍的发展，我们会发现每个时代都有每个时代的代表性版本，每种版本又有不同的版本装帧特征。

秦汉时期，是飘着竹木清香的竹简和润滑柔软的丝帛书。

隋唐时期，是携带方便的卷轴和书写美观的手写本。

宋元时期，是书品精良的多种多样版本——蝴蝶装、经折装、包背装和后世沿用的线装书。

明清时期，基本上是以丝线四眼装、六眼装为主的线装书。

卷轴装

汉朝帛书流行之后，人们为了阅读方便，也利于收藏，就采用了卷轴

卷轴装

的形式制作书籍。用一根细木棍或竹竿作轴心，把帛书粘连到轴上，卷起后用丝带捆好，就成了卷轴装的书籍，"手不释卷""开卷有益"等成语就是从卷轴书中衍生出来的。纸张发明以后，人们也采用卷轴装来制书，纸张比锦帛短，往往要把若干张纸有序粘连成很长，然后再卷到轴上，我们现在所见到的隋唐写本基本都是卷轴装的。"读书破万卷，下笔如有神"是唐代大诗人杜甫的名句，既有胸罗万卷、文如泉的意思，也有书卷被反复翻展阅读而磨破的意思。唐宋八大家之首的韩愈赞叹邺侯李泌藏书极多时，有"邺侯家多书，插架三万轴"之句，可见当时卷轴装书的流行。

旋风装

旋风装，又称"旋风叶""旋风叶卷子"。其装订方法是用一张长方形的纸做底子，然后把手写或雕版印刷的许多书页由右向左鳞次栉比地裱贴在卷底的纸上，除第一页外，每张纸只能粘贴住右端的空白处。用这种装订形式装订起来的古书，收拢起来像一股旋风，所以叫"旋风装"；展开来时又像龙鳞一般，所以也叫"龙鳞装"。

旋风装的书卷起来同卷轴装的书差不多，但舒展开来却可以一页页地翻阅，这就与后来装订成册页的书接近了。由于它一身具备了两者的特点，所以可以把它看作中国古书装订形式由卷轴向册页发展的过渡阶段。这种装订形式在古书上曾有多处述及。如宋朝张邦基在其《墨庄漫录》中有"逐页翻飞，展卷至末，仍合为一卷""今世间所传《唐韵》，犹有旋风叶"的记载；清朝叶德辉在其《书林清话》中谈到旋风装的特点时，说它是"鳞次相积"。

根据史料记载，旋风装古书大概产生于唐代中叶。相传，唐代太和末（9世纪30年代），吴彩鸾在抄写《唐韵》时首先发明了这种装订形式。现收藏于故宫博物院的唐写本《刊谬补缺切韵》是国内现存旋风装古书的珍贵实物。宋、明两代的人都认为这部书就是吴彩鸾抄写的《唐韵》，但据我国当代著名文学家唐兰考证，此书

旋风装

当成于天宝八年（749年），并非吴彩鸾抄写的《唐韵》。这就是说，旋风装的产生应早于吴彩鸾抄写的《唐韵》。

经折装

唐代，佛教盛行，各地寺庙林立，僧尼遍布宇内，抄写、诵读佛经成为一时风尚。卷轴装的佛经不仅翻检费事，而且通读也不方便。因此，佛教徒们对卷轴装佛经进行了改革。他们把卷成长卷的佛经，按照一定的长阔度折叠起来，后面托以素纸，使其成为前后连接的折子。然后，再在头尾加上比较厚硬的封面、封底，考究的还用布、锦、绢、绫等裱成册页。它翻开来成为折叠状的本子，合起来成为一本长方形的册页。这就成为"经折装"书籍。因为它是反复折叠起来的，所以也叫"折本"。

经折装

经折装书籍与旋风装比较也有很大不同，除了经折装一面书写，旋风装两面书写以外，主要是旋风装仍保留卷轴形式，而经折装则基本上抛弃了卷轴装的装制方法，而把书页折叠成册页，不再把它卷束在轴上了。这是中国古书装订从卷轴制式正式进入册页制式的标志。

蝴蝶装

蝴蝶装，简称"蝶装"。宋代流行的书籍主要是雕版印本。印本书与写本书不同，它有版面要求，不能像写本书那样随意连续书写。由一块块雕刻的版面印刷的书页，不适宜使用卷轴装或旋风装的形式装帧。经折装形式虽较卷轴装和旋风装有所进步，但经多次翻阅，折痕处容易断裂，断裂的书页一旦错乱、丢失，就很难恢复原状。为适应雕版印刷的技术要求，并克服以往装订的缺点，于是又出现了一种新的装订形式，这就是蝴蝶装。

它的装订方法与卷轴装、经折装不同。经折装是把书页粘贴成一个长条，然后折叠起来。蝴蝶装不粘贴书页，而是把各个版面印成的书页分别反折，即版心（书口）向内，单口向外，然后把版心和版心相连，把版心（书口）作为书背，用糨糊粘贴书背。最后用硬纸作封面和封底，并用纸、布或绫、锦裱。从外表看，蝴蝶装书就像现在的精装书，但因为书口向里，书背向外，翻阅起来，就像蝴蝶展翅飞翔，所以有"蝴蝶装"之称。

蝴蝶装

由于蝴蝶装适应雕版印刷一版一页的特点，而且版心朝里，有利于保护版内的文字，再加上书形美观，所以一直为宋、元两代出版界所采用。传世的蝴蝶装古书很多。年代最久的有北京图书馆（现中国国家图书馆）收藏的宋代原装本《册府元龟》《欧阳文忠公集》《玉海》等。

包背装

包背装起源于南宋。同卷轴装、旋风装、经折装比较，蝴蝶装虽有很多优点，但还存在着明显的缺陷。这就是由于书页反折，翻阅时不断碰上没有字的背面，而且每一页书都要接连翻上两次，遇到柔软细薄的纸张，翻起来更要小心；版心折缝处很容易脱离书背，或者破损掉页。为克服这些缺点，从南宋起又出现了包背装的书籍。它的折页是字面向外，背面向内。书页按版心中缝折叠之后，书口向外，然后用纸捻穿订成册（但不穿孔订线），再用糨糊在后背裹上书皮，因而叫"包背装"或"裹背装"。

包背装

北京图书馆收藏的南宋刻本《文苑英华》的书衣上注有"景定元年十月装背臣王润照管乾"的字样，这说明景定元年（1260年）已经有了包背装书籍。现在存世的包背装古书，以元、明版本最多，如元刻《汉书》《文献通考》《明太祖御制诗集》《永乐大典》等

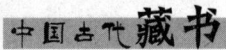

书，都是用的包背装。沿至清代，包背装依然被采用。清初著名内府刻本《御制资政要览》也是用包背装的，精美漂亮，近年来的古籍拍卖会上常有见到。

线装

为了解决书页的牢固问题，从明代中叶起，出版者就开始用线装代替包背装。线装书的出现是我国古书装订史上的一次重大改革，由于这种装订形式适应了当时书籍出版的客观要求，很快得到了推广，成为书籍的主要装订形式。在以后的三四百年，基本上是线装书的天下。直到今天用宣纸、连史纸或毛边纸印制的书籍，或仿古影印本，仍然采取这种装订形式。

线装

知识链接

惜字林

清代朱彝尊曾经给秀水南泉寺惜字林作记。他说古代将100个以内的人名文字写在方上，将100个以上的人名文字写在册上。自从使用茧纸作书后，因其图书价格很高，所以人们很爱惜图书，虽杵头轴子，但人们不忍舍弃。长兴用雕版刻印"九经"后，有了印刷技术。人们读书，可以不用抄书，人们读史记、两汉书及诸圣贤书容易了。诸子百家的书印刷不多，儒家的书则大量印刷发行。实行科举制度后，学生为了应付考试，不读诸子百家，专攻经书，或揣摩时文，书场应试书籍抛掷各地。考试结束，考生将书撕了盖钵子，糊蚕箔。京师流动人士特多，考生特多，废纸遍地皆是。虽然人们不愿意践踏有字的纸，然而计虑不及，只能找些消闲寂寞的人专管这事。于是在沙门找了几个和尚在街上捡拾遗纸，以免踏上字纸的人造罪。拾字纸，也是和尚的修行。康熙十七年夏天，朱彝尊买柴，柴车行在南泉寺，见有禅僧身着衲衣，手持箴筐，在路上拾字纸。每逢初一、十五，他们便将废字纸点火烧掉。三年以后，他们在文昌阁下面建了一个小屋，屋前悬一匾，上书"惜字林"。这里用来存放废字纸，有焚烧字纸的炉子。朱彝尊想到，汉晋以来，翻译的梵文佛教经书很多，虫鼠蛀咬没人过问，废纸更无人问事了。付之以火，可以净心。僧人拾字纸是尊孔子，也是为了佛禅的善心与信仰。佛禅钟鸣而起，敲动木鱼念经，经书是禅宗法宝之一。惜字，当惜佛经。拾字僧拾字纸，有心莫让经文遭抛弃。

有南泉寺惜字林，必有北泉寺惜字林、东泉寺惜字林、西泉寺惜字林……处处惜字林。只是文人苦于科举，未将这些惜字林一一写在书上罢了。

南泉寺惜字林，很有点儿庄重，此处有惜字纸库，焚纸炉，还请大文人朱彝尊给作记，这才给古人对文字的崇拜、对文化的崇拜、对信息的崇拜，留下了凭证。

第三节
室雅自闻翰墨香——古代藏书概论

所谓藏书史，是指不同时代的图书典籍依照确定的编排体系实施管理、保存与流通的历史。它涉及四个方面：（1）图书存在的形态，因为不同的书籍形态有着不同的保管和流通的方式，如竹简、纸书与磁带就有着不同的收藏与使用方法；（2）图书的编目，即组织图书的体系与方法，如古代以经、史、子、集四部分类组织图书，而现代则是按以科学分类为基础的中国图书馆分类法划分图书；（3）图书的典藏，即图书的保存与管理；（4）图书的流通，即图书的借阅与使用。

我国是世界上设置图书典藏机构与管理人员最早的国家，中国历史上的藏书系统可分为三类：国家藏书，俗称官藏；私人藏书，亦称私藏；书院藏书和寺院藏书，即私办公助的藏书机构。而历史上所称的藏书家是指私人藏书者。

国家藏书

我国的国家藏书始于周代。据文献记载，周朝史官有执掌藏书之职，著名的思想家老子就做过当时国家图书馆的主官——"守藏室之史"，专事国家典籍的收藏管理工作。秦代藏书处叫石室。汉代初定天下就广征图书，分太常、太史、博士、延阁、广内、秘室六处收藏。曹魏时设有秘书、中、外三阁国家藏书处；晋沿魏制，图书收藏皆归兰台（外台）和秘书（内阁）。以后南北朝大致如此。及至隋唐、两宋、明清，历代都设有专门的官藏机构，各个朝代政府都拥有数量可观的藏书，这些藏书无疑对典籍的保存与流通起到了积极作用。但值得指出的是，官家藏书一则具有独占性，在皇权社会里它们仅为帝王权贵所享有，布衣知识分子无法使用；二则每当改朝换代，图书多遭兵燹之难。这也是我国官家藏书在保存版本和传播知识方面反不及私家藏书的原因。

历代官藏都是通过接收前代的官家藏书，收缴地方割据势力的藏书，以及征集民间的藏书，组织抄写、刻印加以补充的。如西汉萧何进咸阳后广收秦籍，明代徐达收各地秘阁所藏书籍尽解金陵，都是明证。官藏的形式到了清末民初已不适应社会发展的需要，公共图书馆应运而生。公共图书馆的建立为开拓知识，增广见闻，改变天下风气起到了很大作用。

私家藏书

私家藏书的起始要比官藏稍晚一些，它是与私学的出现相应而生的。《庄子·天下篇》说"惠施多方，其书五车"，《史记·苏秦传》记苏秦"陈箧数十"，就是早期私家藏书的最好说明。秦汉之际，一些藏书家的收藏已有相当的规模，如河间献王刘德、淮南王刘安，著名学者刘向父子、班斿、卜圭、富参、扬雄等人，都有较多的藏书。东汉时的蔡邕是我国第一个藏书数千卷的藏书家。魏晋南北朝时的藏书家有西晋的张华、范蔚；东晋的殷允、郗俭之；南朝宋的王俭，齐的崔慰祖，梁的任昉、沈约、张缵，据说他们的藏书都超过万卷。北朝的藏书家首推北周的著名学者颜之推。隋代以许善心和柳䛒藏书最著名，二人藏书都近万卷。

到了唐代，由于长期社会安定和经济发展，中国传统文化的发展达到了高峰，唐代私人藏书在万卷以上者就不下20家。其中，藏书最多的当推李泌，多达三万卷。其次为韦述、苏弁、柳仲郢、杜暹等，他们各有藏书万卷以上。到了宋代私家藏书风气大为盛行。由于唐代出现了雕版印刷技术，至宋代雕版大兴，刻书成风，藏书成为官僚士大夫的一种时尚。北宋江正、李昉、宋绶父子、王钦臣、田伟、荣王宗绰、叶梦得，及南宋晁公武、郑樵、尤袤、陈振孙等人的收藏都超过万卷，数量最多的荣王宗绰有书七万多卷。

明清两代私人藏书极盛，藏书达几万卷的藏书家多以千计，甚至有藏书多达几十万卷者。私家藏书楼在明代以宁波范氏天一阁、常熟毛氏汲古阁、山阴祁氏澹生堂、江阴李氏得月楼和常熟赵氏脉望馆最负盛名；清代则以山

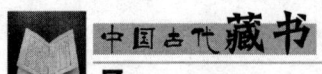

东聊城杨氏海源阁、常熟瞿氏铁琴铜剑楼、归安陆氏皕（bì）宋楼和杭州丁氏八千卷楼最为著名。至此私家藏书规模在我国已达顶峰。民国时期，在外国列强的入侵，封建制度的解体，新型图书馆的出现的时代环境之下，私家藏书日渐萎缩，比较著名的有李盛铎的木犀轩、傅增湘的藏园、周叔弢（tāo）的寒在堂以及郑振铎的西谛藏书。

中国历代著名的藏书家有着共同的特点：学识渊博，其中不少是大学问家、大政治家，对中国社会有过很大的影响。清代学者洪亮吉的《北江诗话》曾把中国藏家分为考订、校雠、收藏、鉴赏、掠贩五类，或融五功为一体。其中，即使掠贩，也具有"眼别真赝，心知古今"的真功夫。不少藏书家为搜采异本，补救遗亡，节衣缩食，倾力输财，甚至在战乱兵燹中冒生命危险竭力护书。正由于他们的不懈努力，才使我国古籍宏富甲于寰宇。

书院藏书

书院藏书比起官藏与私藏还要晚得多。唐开元六年（718年），玄宗李隆基设置丽正书院，始有书院之名。最早的书院藏书始自唐代江西德安陈氏办的东佳书院，东佳书院不但藏书，而且可以借阅，这是很难得的。宋代书院以庐山白鹿洞书院、长沙的岳麓书院、睢阳的睢阳书院和衡阳的石鼓书院四大书院最为有名。书院是教学机构，离不开教书、读书，因此，藏书成了书院不可缺少的事情。唐末五代有书院46所，宋代全国有书院719所，元代全国有书院296所，明代全国有书院1701所，清初书院减少，后来增多，乾隆时有近3560所。尽管如此，书院藏书量仍赶不上官藏与私藏。

寺院藏书

寺院藏书主要是佛寺藏书。佛教创立于古代印度，两汉之际传入中国。佛寺在汉魏六朝时期，由肇发而兴盛，佛教经典也广被于世。世界上最早雕版印刷的册装书籍便是被英人斯坦因从我国盗走的五代后汉乾祐二年（949年）雕印的敦煌藏书中的佛经。佛经最早传入中国的时间是西汉哀帝元寿元年（公元前2年），《魏略·西戎传》有大月氏王使伊存口授《浮屠经》的记载。佛经的翻译是从东汉桓帝建和二年（148年）开始的。魏晋时期信佛教者日众，至北魏末，共有佛寺三万多所，僧尼200多万人。反映寺院藏书的如北魏李廓编撰的《魏世众经目录》，北齐释法上编的《齐世众经目录》，收录佛书都在2000卷以上。唐代玄奘去天竺取经，带回许多佛经在长安翻译，前后20年。共译出佛经75部，1335卷。玄宗时，由智升负责编撰的《开元释教录》反映了盛唐各地佛寺藏经的情况。许多寺院藏书很多，如长安西明寺、庐山东林寺藏书均达万卷之多。北宋雕版印刷《大藏经》从宋太祖赵匡胤开宝年间（968—976年）始至太宗时才全部完成，计1076部4048卷，被称为《开宝藏》。元明清三代，尤其是元清两代少数民族入主中原后，极力提倡佛教，佛寺藏书大增。寺院藏书有四个特点：一是藏书分布广，读者多。有寺院就有藏书点，读者除僧尼外，还有善男信女，诵经读书异常虔诚。二是藏书来源多。有朝廷赐予，官府和私人捐赠，寺院购买，如唐代诗人白居易曾资助洛阳香山寺购买佛经。三是流通量大。据《隋书·经籍志》记载，当时流传于世的佛经"多于六经数十万倍"。可见阅读佛经之人很多。四是其书都经专人校订，设有专室，分藏陈列，按时出借与收回，这与官藏、私藏都不相同。

岳麓书院

藏书印

流传至今的古籍，卷首大多钤有累累藏书印，古雅别致，朱墨灿然，亦是开卷一乐。明清两代，一些较知名的藏书家几乎都有几方以至上百方藏书印，每得好书，把玩珍赏之余，必钤印其上，其后便是书流转递传，以至朱痕累累。至于藏书印之起源以及鉴别藏书印之重要性，大藏书家潘景郑曾说：

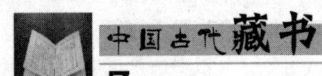

"玺印之制，肇于秦汉，官私往还，取以征信。衍至唐宋，流传益广，举凡法书名画，得藏家寓目审定者，加盖印记，留珍袭之证信于后世，印之为用益备矣。宋代雕版既行，藏书家垂绪源流，具有印鉴作证。延至明清两代，图书日富，藏家日繁，攸赖藏印溯其传绪，簿录灼然可睹，印之为用更不可废矣。自来藏家印记，多倩名人篆刻，朱痕检点，开卷一乐，寓藏珍于鉴赏，亦艺林之韵事焉。顾明清迄今数百年，稗贩者流，往往仿制名家印文，钤诸卷头书尾，混淆射利，鱼目几能充珠，每为藏家所惑，非睹真面，甄别为艰。此明清藏书家印鉴之亟待搜辑，以供研治目录版本学之一助。"

藏书用印，形制不一，风格各异，根据印文的内容，可大致分为以下几种。

1. 姓名印

此印为最常见之藏书印，如"黄丕烈印"，瞿绍基及其子瞿镛、孙瞿秉渊瞿秉清、重孙瞿启甲等各自的姓名印。由此可知藏书之先后递传。

2. 别名字号印

古人好用别名字号，此在藏书印中多有反映，如徐乾学号健庵，藏书常用"徐健庵"一印。当然，还经常有姓名、字号、藏书楼合用印，如清赵宽有一印曰："虞山侨民赵宽字君闳，号止非，又号传侯，奕世嗜书，窃比清常道人，自颜藏书之所曰小脉望馆。"

3. 斋室名印

大凡藏书之家，都有自己的藏书斋、室、堂、阁、楼名，并镌成印章，钤于书上。世家藏书者，又往往沿用同一室名印，如"天一阁"朱文长方印，"铁琴铜剑楼"白文长方印，均几代人相沿不易。还有很多藏书家在藏书印中交代了各斋室的分工，如阮元有一印曰："扬州阮伯元藏书处曰琅环仙馆，藏金石处曰积古斋，藏砚处曰读砚斋，著书处曰拾经楼。"再如叶德辉有一印曰："长沙叶氏郎园藏书处曰丽楼，藏金石处曰周情孔思室，藏砚处曰归货斋，著书处曰观古堂。"

古代藏书印

4. 生年行第印

以生年行第入印是藏书印中一大特色。如明代文徵明和清末袁克文均生于庚寅年，故都有一"惟庚寅吾以降"印。生年行第印对研究藏书家的生平家世极为有用。

5. 仕途功名印

藏书家中不乏功成名就者，如清代著名藏书家、目录学家杨绍有一印曰"道光秀才，咸丰举人，同治进士"，简直就像学历证明书。

6. 收藏鉴定印

这是藏书印中内容最丰富，也是最具史料价值的一种。最有名的是明代毛晋的椭圆形"宋本"一印，叶德辉《书林清话》云："毛氏于宋元刊本之精者，以宋、元本椭圆式印别之，又以甲字钤于首。"毛氏以后，模仿者甚多。如汪士钟、季振宜、吴骞等人都有椭圆形朱文"宋本"印。

7. 校读印

一书经名家校读后，往往会身价百倍，故精校本亦被视作难得的善本，如"广圻审定""曾经艺风勘读"等。

8. 闲章

闲章或表示藏书家的志趣癖好，或用于表示珍爱书籍的愿望等。徐乾学有一印"黄金满籝，不如一经"，毛氏汲古阁有一印"在在处处有神物护持"，陈鳣有"得此书，费辛苦，后之人，其鉴我"。

藏书印之用，在于征信，以示某书曾为某人所有，故历来很受版本学家、目录学家和藏书家的重视。许多优秀的书目都把藏书印作为重要的内容，加以著录，其价值有三：

（1）用以考查一书的流传源流。如宋本《金石录》十卷，从冯文昌历经江立、鲍廷博、阮元、韩泰华等，最后归入潘祖荫滂喜斋，几经辗转，均有印鉴可证。

知不足斋藏书印

（2）用以判断一书的版本。印章和版式、行款、字体、纸张等一样，都是鉴定版本的重要依据。大多数藏书家对于宋元善本都有专门的收藏印，如前文所举的"宋本"椭圆印，以及杨氏的"宋存书室"及"四经四史之斋"、丁氏的"善本书室"，以至乾隆的"天禄琳琅"等，大都可直接作为今人鉴定版本的依据。

（3）本身的艺术价值。自来藏书印记多自名手篆刻，故其艺术价值，不下书画家印记一等。例如，明代毛晋汲古阁用印，多出汪关之手；清代潘祖荫滂喜斋藏章，乃赵之谦手治；徐乾学"传是楼"一印，葛潜为之；缪荃孙常用之"荃孙"一印，黄牧甫手耕。此类例子，不胜枚举。

第四节
衣冠如见列仙图——古籍珍本鉴赏

图书欣赏，是文士们的一种嗜好。对于珍本，文士们更是爱不释手。文士们爱书，便要了解怎样鉴别图书，特别是古籍版本。

要了解一本古籍的价值，主要从以下各方面着手：（1）书名；（2）卷数页码；（3）著者与编者；（4）刻本年代及刊工姓名、刻书家；（5）行款字数；（6）栏线（单、双栏）；（7）黑口、白口、单双鱼尾；（8）序与；（9）藏书印章；（10）附图；（11）字体、刀法；（12）避讳字；（13）纸张；（14）用墨；（15）装潢。

知识链接

黑 口

黑口，即指每版中缝线的上下两端，或者称为版口的地方，为宽粗墨印黑条子。书口是雕版印书的产物，是每版的中线，它的作用有二：一是镌刻书名、本版大小字数、卷次、页码、刻工姓名；二是作为书页的中折线。宋代刻书多是白口，其中折以鱼尾凹心为准。元代刻书之所以多是黑口，原因是刻书之人，或是贪图速成易售，或是对技术掉以轻心，苟且敷衍，或是经济拮据，无力精雕细镂，所以在镌刻刀法、印纸敷墨上就显得毛糙。

珍本

　　珍本是比较珍贵的书籍或文学资料，如罕见的革命文献、极有价值的古旧图书资料等。珍本贵在"难得"，如国内所存较早较稀有的原拓版本，就是稀世珍本。

　　清乾隆年间选刻《四库全书》珍本，武英殿采用活字印刷，共刻木活字25万余个，乾隆定名为"聚珍版"，所印图书遂称武英殿聚珍本。后来各地官书局也仿聚珍版印书，其活字本被称为"外聚珍"，而武英殿活字本被称为"内聚珍"。

善本

　　所谓善本，原先是指校勘严密、刻印精美的古籍，后来含义逐渐扩大，包括那些刻印较早、流传较少的各类古籍。所以在历代藏书中，善本肯定是旧本，那些抄写、刻印年代较近的则只能是普通本。如晚清藏书家丁丙在其《善本书室藏书志》的编例中规定，其收书范围是：旧刻，精本，旧抄，旧校。丁丙按照他生活的那个时代的藏书标准，将旧刻规定为宋元版书，精本为明代精刻。按照这一划分标准，随着时间的推移，收藏家心目中的善本年代界限也日益后移。到了民国时期，明刻本已经逐步进入旧刻行列；而到了20世纪中期以后，乾隆以前刻本也全都归类为善本之列，甚至无论残缺多少，有无错讹，均以年代记录。但实际上，真正的善本应主要看该书的内容，看该古籍的科学研究价值和历史文物价值而定。20世纪70年代末，《中国善本书总目》开始编纂，在确定收录标准和范围时，规定了

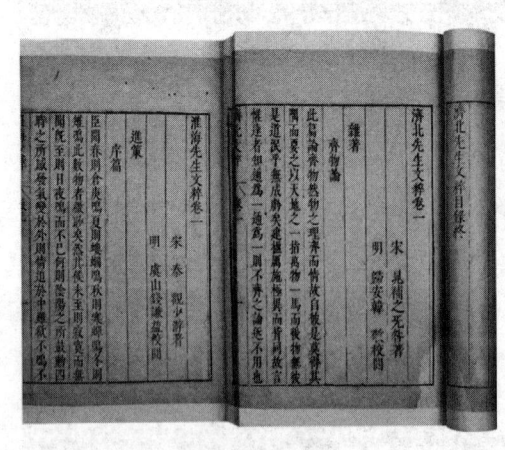

古籍善本书影

"三性""九条",这应该是对善本概念的一个完整周详的表述:

（1）元代及元代以前刻印或抄写的图书。

（2）明代刻印、抄写的图书（版本模糊，流传较多者不在内）。

（3）清代乾隆及乾隆年以前流传较少的印本、抄本。

（4）太平天国及历代农民革命政权所印行的图书。

（5）辛亥革命前在学术研究上有独到见解或有学派特点，或集众说较有系统的稿本，以及流传很少的刻本、抄本。

（6）辛亥革命前反映某一时期、某一领域或某一事件资料方面的稿本及较少见的刻本、抄本。

（7）辛亥革命前的有名人学者批校、题跋或抄录前人批校而有参考价值的印、抄本。

（8）在印刷上能反映我国印刷技术发展，代表一定时期印刷水平的各种活字本、套印本，或有较精版画的刻本。

（9）明代印谱，清代集古印谱，名家篆刻的钤印本（有特色或有亲笔题记的）。

善本具有"三性"，即书籍应具备较高的历史文物性、学术资料性和艺术代表性。

图书作为标志文明的重要的牌记，与中国古老的文明社会一起发展着。从壁石、钟鼎、竹简、尺牍、缣帛到纸张，无一不向社会传播文明，传递知识。但久经改朝换代、天灾人祸，能保留下的古书少之又少。所以，古书收藏爱好者认清古籍中孤本、善本、珍本的界定是非常有必要的。孤本的概念比较清晰。凡国内藏书只此一部的，未见各家收藏、著录的，一概称为国内孤本。

珍本与善本的界定，历来的版本鉴定学者意见一直各不相同。宋效先先生曾在1987年发表论文指出："珍本是比较稀见或比较珍贵之本，善本是凡内容有用，流传稀少，校刻精良，具有文物、学术或艺术价值之本。"而李致忠先生则认为：在西方人的观念里和词汇中，"善本"就是珍贵的、值钱的、罕见的传本，这实际上是把"善本"标准提高到"珍本"的层次了。时代久远、传世孤罕的书籍，自然珍贵。即使是有明显的文字讹脱，也被视为珍贵版本，这在古今中外都有实例可举。本来"珍"并不等于"善"，罕见的东西并不一定就是好的，可是谁也不会把珍贵的东西视若无物。这就在实际上把"珍""善"合为一流了。

禁毁本

"雪夜闭门读禁书"乃封建时代一些士大夫所谓的"赏心乐事"之一。禁书有多种,主要有因"诲淫"之罪而遭禁的和因政治原因而遭禁的两种。

华夏典籍浩瀚广博,藏书文化亦源远流长。尽数历代藏家,几无一人不好藏禁、无一人不奉禁书为奇瑰。历朝历代为王者,往往藏于内而禁于外;为臣者,往往求于民而藏于宅;为学者,往往搜于孤秘封于楼阁。如是焚钞禁刊,愈久弥珍。

禁书者,禁毁之书、禁绝之书、焚禁之书是也。纵观历代禁书,执政者皆以"下朝纲"为绳,合之则刊,逾之则禁。故各朝自有其禁,历代各有其毁。据史记载,中国禁书首起战国,始作俑者即为商鞅。"商君教秦孝公以连什伍,设告坐之过,燔《诗》《书》而明法令。"然,儒士伏生仍于墙壁间藏有《尚书》。汉代有"挟书律",但藏书家仍私借官书抄录,不异丢官罢爵。至南宋书坊,始以刻本之小者为巾箱本。巾箱或被士子怀挟之用,或被好之者雪夜玩赏。故嘉定间,遂有奏请禁毁巾箱者。此后,藏家皆视小板巾箱为贵。明代藏家以汲古阁主毛晋为最,其首访禁书,搜求秘籍,被后世藏家艳羡不已。清代乾隆朝,皇帝以编修《四库全书》为名向民间广求善本,所收之书均由其亲自过目,或定为全毁,或定为抽禁者,共计2855种。

我国古代统治者历来奉行文化垄断政策,以维系道德、清净风化为由,冠以"诲淫诲盗"的罪名,对那些"难入大雅"的异编、邪论和淫词小说一律予以禁毁。然"食、色,性也",正所谓"情难禁、欲难毁",每次焚书坑儒,都会有人冒灭顶之灾挟书犯禁。这些"人间奇品"随即转入地下,或手抄,或私刻,袖手暗递,秘相传阅。明、清之际,此风犹盛。这些私藏于民间的地下出版物是焚书炉上的"超脱之书",是禁书库里的"漏网之书"。藏者冒杀头充军之险或壁藏,或窖藏,或梁藏,护惜如金。主人视为爱物,甚至视为生命,绝不轻易示予他人。世人多是只闻其名,难窥其庐山真貌。

三千年之封杀焚毁,三千年之风雨沧桑,禁书与二十五朝历史相伴,禁书与二十五朝文化同行。历代禁书如今或属皇宫秘档,或属馆所孤本,或属私家秘藏,皆有所依矣。

第一章 聚散两依依——古代藏书文化

孤本

孤本是指在世上仅有一份流传的某书的某一刻本，也包括仅存一份的某书或某种碑刻的旧拓本或未刊刻的手稿等。

现存世界最早的印刷品——我国唐代（868年）印刷的《金刚经》，就是孤本。明末清初小说《后水浒传》，也因其极其稀有而身价百倍。

孤本书可分为三类：有的虽曾刻印过，但是已经绝版；有的写成后并未刻印，只手抄存世；有的则仅存手稿。

总的来说，那些年代较久远的书，尤其是明代以前为世所罕见而又具有相当的资料文物价值的书，其中有不少都是孤本。

由于孤本只此一家，所以为世人所推崇。正因为如此，有的人不惜假造"孤本"，如晋代文人张湛就曾搜集一些旧书的材料而伪造出了一本《列子》以冒充"孤本"。还有的人千方百计去骗取别人所藏的孤本，或据为己有，或出售谋利。如晚清学者刘禺生的《世载堂杂忆》就载有这样一件可笑可鄙的事：

杨守敬住在武昌的时候，藏有宋刻大观年间的《本草》一部。因为这书是孤本，价值昂贵，邻居柯逢时眼红不已。一天，柯逢时谎称可以高价代售，但希望先借他看一昼夜。杨守敬同意了。柯逢时将书拿回家，动员所有人手，一夜之间把书全抄了下来。柯逢时第二天将书还给杨守敬时说："这本书并不珍贵，市场上已有刻本可见。"几个月后，书市上果然有《本草》出售，杨守敬这时才知道上了当，从此，对柯逢时恨之入骨，为此还搬了家，一辈子都没有再见他。

与此相反，近代藏书家丁福保的高风亮节值得称道。据郑逸梅老先生《艺坛百影》（由中州古籍出版社出版）说："丁爱藏书，凡他家藏的孤本、珍本，有耆宿借阅，他总是一一借出。解放后，他又将十余种孤本捐献给北京图书馆，

孤本《后水浒传》书影

还请侯晔华绘'捐书图'，他自己撰记。"这种高尚风格是古来少有的。

孤本一般具有很高的学术价值。由于历代统治者的焚禁、外强的掠夺、奸商的倒卖以及时间久远、战火天灾等原因，湮没了无数中华文化精华，使幸存的孤本无一例外地成为稀世珍品，具有极高的文物价值、研究价值和收藏价值。历来皇家内府藏书、名人藏书以及藏书家藏书最梦寐以求的，当数孤本藏书。纵观数千年中华藏书史，任何书籍一旦成为孤本，必然被束之高阁，也必然将绝大多数读者拒于千里之外。许多藏书楼亦有祖训，若以孤本示人，即被视为不肖子孙。但恰恰在这些深藏在图书馆、远藏在海外，秘藏在民间的孤本中，有许多秘不外宣的内蕴，从而使人们"求孤若渴"。

秘本

"秘本"是一个极为特别的文化景观，也是中国文化的一种重要传播、传世方式。

中国历代都奉行思想禁锢政策。一部文字史，就是一部血腥史。禁书杀儒几乎是所有圣贤名主和无道昏君手上的游戏。据统计，从秦始皇"焚书坑儒"至清末，仅有文字记载的文字狱案就有20000多起。秘本之类的书就是在这样残酷可怕的情况下产生的，一旦公开就会大祸临头，写作者也就只能偷偷摸摸地写，偷偷摸摸地印，或藏于深宅，或隐于秘室，或传于闺阁，不让外人见阅，可谓"地下图书"。因其和现在"非法出版物"相类同，也可称之为中国古代"黑书"。

从内容上讲"秘本"有两种，一是政治的，二是道德的。政治的，对当时的统治者来说，是极端"反动"的；对作者和秘藏者来说，是极"珍贵"的。道德的，对当时的社会来说，是极"沦丧"的，对作者和秘藏者来说，是极"有用"的。所以说，秘本不是一般的书，是"非常之书"。它是书中的"精灵"，书中的"猛兽"，书中的"怪胎"，它是"书中之魔""书中之鬼"；它是高贵中的高贵，低劣中的低劣，另类中的另类；它是焚书中的"超脱"之书，是焚毁中的"漏网"之书。

我国古代的"舟子秘本"，是指古代航海人员（也就是在古书中被称为"舟子"或"舟师"的人）手中掌握的航海图书。这其实是一种导航手册，古代称为"更路簿"（或"水路簿"）和"针经"。由于仅仅掌握在航海者手中，世代相传，一般不外传，故被称为"秘本"。

其中有一些绣像本——书中间有插图的版本，因其生动的表现形式而备受欢迎，但绘刻工艺复杂，价格昂贵而成品较少，因而现存的十分珍贵。

其他版本

1. 宋版

宋版书最为著名，按地区分为杭州本、瞿州本、婺州本、吉州本、抚州本、台州本、泉州本、建阳（麻沙）本、江西本、蜀大字本、茶盐司本、转运司本、平阳本。

《金瓶梅》绣像

2. 补版

刻印的书版经年累月，就会出现断裂与损缺，经过补刻修整后再行印刷的书，就叫作补版书。宋刻、元补、明又补的版称作"三朝补版"。

3. 监本

监本，即北京与南京的国子监所刻印的书。国子监，即政府最高学府。南京的称南监本，北京的称北监本。

4. 经厂本

明代篆刻各种经书的厂坊，由太监负责图书的出版工作，因校对不精，错误百出。这种书字大黑口，书的首页盖有"广区之宝"印记。该厂不时也出版其他图书。这些书因不属于该厂出版范围，所以粗制滥造，不受人们重视。

5. 殿本

殿本，即清代武英殿刻印的书。殿本书品宽大，刻印纸墨很考究。

6. 内府本

内府本，即明、清两代，经皇帝敕命编纂的书，在宫内刊印。内府本校勘严谨，纸张精致。

7. 书帕本

明代，新官上任或奉使回国时，习惯以一书一帕相馈赠。书帕本，系礼品，因刻书与收书人皆不经意，所以好书不多见。

8. 袖珍本

袖珍本，为携带方便而刻印的一种小开本的图书，如乾隆下江南时随身携带的《通鉴纂要》。

9. 百衲本

用不同书版各印刷图书的一部分而成的书，称为"百衲本"。

10. 抄本

中国古代，在自给自足经济条件下，很多人家无钱买书。一般人家得到一册书不容易，为了阅读和保藏，只好抄写下来。古代社会，很多文人毕生借图书、抄写图书，手校眉批，因而出现了一批有名的抄本。这些抄本内容较好，手迹亦珍贵。

第二章

但见金匮溢宝气——古代国家藏书

国家藏书也称公家藏书，因属于官府或公家所有，故名。它又可细分为皇室藏书、中央官府藏书和各级地方官府藏书三个部分。其中，皇室藏书是皇宫内专门收藏供皇帝御览及供皇室成员阅读使用的图书；中央官府藏书主要包括具有国家图书馆性质的三馆藏书和秘阁藏书；地方官府藏书，则是各州、府、县等官署内收藏的供官员阅读使用的书籍。

第一节
天禄琳琅御之宝——皇室藏书

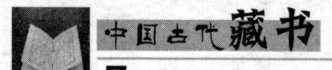

皇室藏书概述

中国皇室藏书，又称中国宫廷藏书、中国宫室藏书，是中华民族数千年文明积累的产物，也是中华民族智慧和创造力的结晶。书籍是一个时代文化的象征之一，尤其是被形容为浩如烟海的中国皇室藏书。它的兴盛和衰亡，往往标志着一个封建王朝的开始和终结。

1. 皇室藏书的历史

汗牛充栋的中国皇室典籍历来是令国人自豪的。新王朝都是在旧王朝的废墟上建立起来的，既承袭了旧王朝的臣民和土地，也接收了旧王朝的宫殿建筑和府库珍藏。皇室藏书，就是这样创建和完善起来的。中国古代君临天下的历代帝王们，除了个别开国皇帝，大都是文化人。他们中的许多人，都喜欢兴盛文化事业，不遗余力地丰富宫廷藏书。

先秦时期，只有官府才有资格拥有藏书，这就是所谓"学在官府、官守其书"。

中国藏书正式的起源是周代史官的收藏。真正能称为古籍的是刻写着文字的简、册，这在殷商时期业已出现。《尚书》说："唯有先人，有册有简。"史官负责保管这些文字记录，这样就形成了当时的档案，同时也就是当时的宫廷藏书。

春秋时期，人们的思想日趋活跃，学术传播四野。随着王朝文化的广泛传播和进一步繁荣，王宫独有典籍的局面也发生了转变，集中于京师一地的宫廷藏书发展到遍及全国的各诸侯国宫室藏书。

春秋战国时期是一个王权崩溃、诸侯争雄的时代。各诸侯国出于巩固权位和稳定统治的考虑，将藏书统一集中于王室，形成了"书在官府，藏在宫室"的格局，同时掀起了大规模的焚书运动，这是秦始皇焚书禁学的先声。

春秋战国以后，知识广为普及，私人藏书也开始出现，但宫廷藏书依旧是当时最为丰富的藏书，也是从书品到内容上首屈一指的藏书。

秦始皇统一六国的同时，也接受了六国的宫室藏书，从而建立了多处秦王朝宫室和政府藏书。秦始皇为了江山的稳固，实行愚民政策，掀起了一场空前的焚书禁学运动，这是中国文化典籍的第一次大浩劫。

西汉初年采取休养生息的方针，在文化政策上也采取宽容的态度，对各种思想、学说、流派，兼容并蓄，皇室藏书在收集散佚书籍的基础上日渐丰富。汉武帝独尊儒术，广开献书之路。汉成帝弘扬文化事业，广求天下遗书。仅仅百余年间，汉室就建立了石渠阁、天禄阁、兰台等众多的宫廷藏书专业机构。

东汉皇室藏书是在西汉皇室藏书和四方士子进献图书的基础上兴旺起来的，并且正式设立了藏书官员，专职管理宫廷藏书。曹魏在曹丕临政后，设置掌管典籍的官员，征集图书，采掇遗亡，充实中外三阁，建立起皇室藏书。蜀汉和东吴在藏书上依汉制，设置东观，丰富皇室藏书。东晋大学者李充以荀勖旧簿为基础，完成了《四部书目》，从此确定了中国古代藏书经、史、子、集四部体制。

隋初皇室藏书虽继承了北周遗存的宫室藏书，但规模不大。隋文帝广征遗书，下令：献书一卷，赏绢一匹！隋宫藏书由此初具规模。隋炀帝即位以后，更加热衷于文化事业，不惜人力、财力和物力，大规模地丰富皇室藏书。他曾组织儒臣，将宫廷珍贵书籍抄写数部至数十部，仅长安嘉则殿就有宫廷书籍三十七万余卷，创下了此前中国宫廷藏书的最高记录。但同时他也对谶纬之书大加禁毁，不仅皇室藏书中的此类藏书所剩无几，就连私人藏书中的也未能幸免。

唐时，经多方诏求遗书，至开元时，文籍最备，唐宫皇室藏书至此达到极盛。后经安史之乱、广明之乱，唐宫藏书损失殆尽。五代皇室藏书，由于兵荒马乱，损失严重。

北宋皇室藏书盛况空前，惜经靖康之乱，遭致灭顶之灾。南宋经过搜访

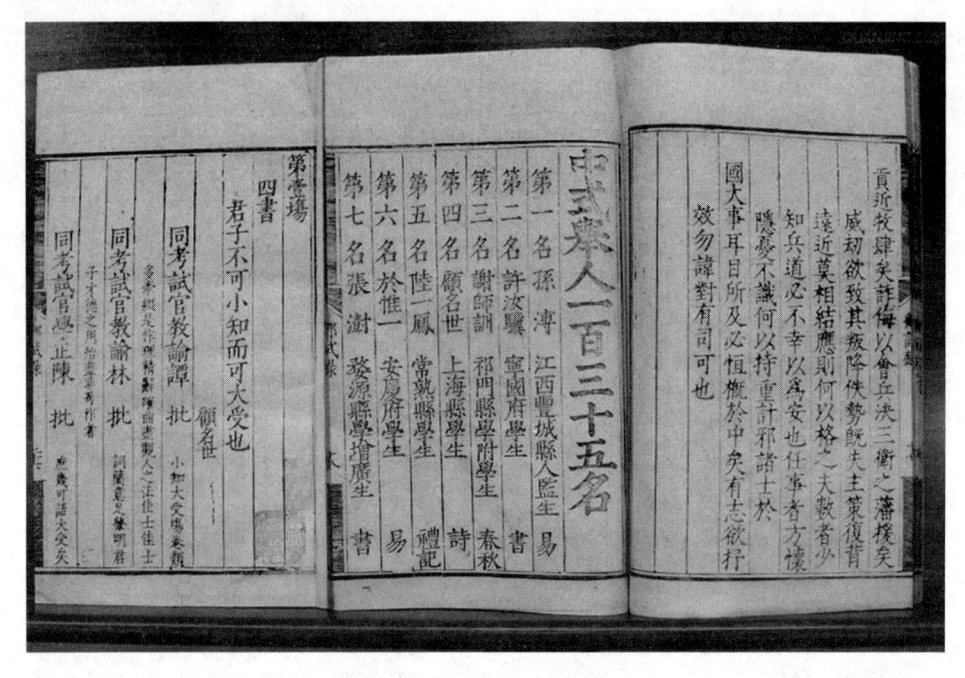

古本嘉靖三十一年应天府乡试录

遗书，广征典籍，宫藏日丰，堪比前朝。

辽夏金元皇室藏书均达到一定规模，元室基本上继承了宋、金宫廷旧藏。明代接收了元宫藏书，并如数载运南京，但在接管运载中，损毁丢失者不计其数。明成祖迁都北京时，下令将明初迁运南京的元宫旧藏书籍运回北京，入藏故宫文渊阁。

清廷完全接收了明室丰富的宫廷藏书，经过康熙、雍正、乾隆百余年间的发展，开创了一个前所未有的文化盛世。清内府武英殿所藏典籍之精之富，成为康乾盛世文化繁荣的标志之一。清代宫廷书籍达数十万册，宫中建立了文渊阁、昭仁殿、武英殿、皇史宬、乾清宫等众多的藏书楼。

虽然明清时期皇室藏书日益丰富，规模空前，但甲申之乱，文渊阁付之一炬；太平起义，江南三阁惨遭浩劫；八国联军进京，圆明园四库焚荡无余；清末，宣统大肆赏赐变卖珍稀典籍，数目可观。

1925年10月10日，故宫博物院成立，由全国知名专家、学者组成故宫文物点查委员会，全面接收清宫旧藏古物和书籍，逐殿进行清点、整理，随后成立了故宫博物院三大馆：古物馆、图书馆和文献馆。故宫图书馆坐落在紫禁城西部的寿安宫，将各宫室书籍集中在这里，建立了十大书库，拥有宫廷旧藏书籍约 50 万册。

20 世纪 30 年代抗战时期，故宫博物院将一批珍贵的宫廷文物装箱南迁，从北京到上海再到南京，然后转运四川。1949 年国民党败走台湾时，又将部分故宫文物运往台湾。故宫文物的迁徙前后历时十余年，长途跋涉数千里。运往台湾的文物共计达 2900 余箱，23 万余件，其中宫廷书籍 1300 余箱，近 15 万册。其余约 40 余万册古书，如今收藏在故宫博物院图书馆。

经历了千百年的风雨灾难，中国历代宫廷藏书，还有数十万册的珍贵典籍流传了下来，这实在是中国文化的幸事，也是世界文化的幸事。中国国学薪火，因此代代相传不熄。

2. 皇室藏书的特点

每个时代的书籍版本是各不相同的，每个时代都有其代表性版本，每种版本都各有特征。

版本不同，则版式不同，风格各异。宫廷书籍，其书墨之幽香，纸张之劲秀，字体之遒劲，书品之精美，装饰之华丽，自有一种皇家所独有的特殊风韵，这就是皇室藏书的版本之美、华贵之美和书品之美，这是任何版本都无法媲美的。

古代皇室藏书主要具有以下四个方面的特点：

（1）丰富性。历代尚古好文的皇帝大力兴盛文化事业，不遗余力地丰富宫廷藏书，所以皇室藏书多成规模，而私人藏书虽多，却比较分散，且种类有限。

（2）系统性。古代皇室藏书从内容上看很系统，很完整，几乎包括了古代典籍经、史、子、集四大部类。

（3）独有性。包含两层含义：一是所藏图书是从历代皇室中继承下来的，代代相传；二是这些图书具有鲜明的皇宫特点，系皇室所独存的版本，其中的众多版本系从未昭示海内外的秘藏孤本。而且，许多书籍从内容、书品、版本到装帧、装饰等，都是独一无二的。

（4）华贵性。古代皇室藏书在品相方面，一是在形式上追求唯我独尊的品质，二是在内容上追求一种曲高和寡的韵致。这在历代皇家书室以及宫廷书柜、书架以至书籍的装潢、装饰上，无不鲜明地体现着。

汉宫兰台藏书

兰台是两汉宫内藏书处。《汉书·百官公卿表》载，御史中丞"在殿中兰台，掌图籍秘书，外督部刺史"。其中所藏亦多谶纬类图籍，《汉书·王莽传》称："甘忠可、夏贺良谶书藏兰台。"《后汉书·王允传》载，王允随董卓迁都时，"悉收兰台、石室图书秘纬要者以从"。然兰台除藏书外，还兼具其他一些与图书相关的功能，唐杜佑《通典·职官典》称："汉之兰台及后汉东观，皆藏书之室，亦著述之所，多当时文学之士，使雠校于其中，故有校书之职。后于兰台置令史十八人。"王充《论衡·别通篇》也称："兰台令史，职校书定字。"若仅为保管图书，兰台官员断要不了这许多人。

唐宫弘文馆藏书

自汉代以来，大多数王朝都有著撰文史、集聚学徒的场所。唐代因袭旧制又大加发展，设立了多个文馆。这些机构多与政府图书事业有直接关系，从而初步形成了我国官藏史上的馆阁制度。弘文馆即为诸学馆中最早建立的一个。

弘文馆始置于唐高祖武德四年（621年），隶属门下省，西京长安、东都洛阳城内都有其机构。西京弘文馆分设于两处：宫内的建于弘文殿侧，后又移至纳义门西，最终定于门下省南；宫外的位于大明宫日华门外、门下省之东。东都洛阳的弘文馆则位于宫城内的章善门内。有唐一代，弘文馆的名称曾屡次变更。始称修文馆，后因位于弘文殿侧，更名为弘文馆。此后，为避讳等，又先后使用过昭文馆、修文馆等名称，最终定名为弘文馆。

唐代弘文馆藏书规模究竟如何，今天的我们只能从史书中的零星记载略知一二。据《唐会要》记载，弘文馆中"多图籍"；《旧唐书·职

古代竹简

官志》亦称，弘文馆中"有四部书及图籍"。此外，《唐会要》又说："太宗初即位，大阐文教，于弘文殿聚四部群书二十余万卷。"还说："长庆三年（823年）三月，弘文馆奏请添修屋宇及造书楼。"这些记载表明，弘文馆确实是唐政府的重要藏书机构，尽管说它藏书有二十余万卷似有夸张，但称它藏书数量颇为可观，当非虚言。

弘文馆不仅是藏书之地，而且是校书之处，并负有书籍缮写制作任务，这从其职官设置便可一目了然。弘文馆学士的职责之一即为"掌详正图籍"，具体管理馆中一切事务的给事中则负责检查图书缮写校勘工作。弘文馆设有详正学士、校书郎等官职，负责校理图籍，刊正错谬，同时还设有楷书手、拓书手、笔匠、熟纸装潢匠等专门职位。可见，弘文馆的抄书、制书规模是相当可观的。

弘文馆的藏书是专门为本馆学士、直学士、各类职员以及生徒服务的，其他人员不得观阅，性质与今天学校或科研单位图书馆颇为相似。因此，其开放时间也相对灵活。

唐宫集贤院藏书

集贤院是唐玄宗为了搜集、校写典籍，网罗人才，阐扬文教而建立的一个庞大的文化机关，亦是禁中藏书之处，还是唐中期最大的政府藏书机构。

1. 集贤院的建立及其职官系统

集贤院的产生是与开元、天宝年间校书、写书活动密切相关的。它经历了三个发展阶段，即乾元殿书院（乾元院）、丽正殿书院（丽正院）、集贤殿书院（集贤院）。

开元五年（717年），唐玄宗派遣褚无量于东都乾元殿负责整理内库书，并任命他为乾元院使，下设刊正官4人，知书官8人，分掌四库书籍的校写工作，还有押院中使等官，正式成立了乾元院这一新的政府机构。次年年底更名为丽正院，机构扩大，人员增多，设有学士、直学士、检讨官、刊正官等。开元十三年（725年），因丽正院官员张说等奏新撰《封禅仪注》，唐玄宗赐宴集仙殿，诏改丽正院为集贤院。从乾元院到集贤院，领导校书工作的先后有褚无量、元行冲、张说等人。张说之后，由张九龄主持集贤院工作，

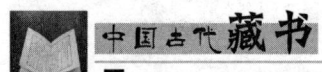

直至安史之乱为止。

集贤院隶属于中书省，经多年发展，形成了一套完善的职官系统。其职官设置情况大致如下：知院事1人，副知院事1人，判院1人，押院中使1人。其他直接从事藏书事业的有：专知御书典4人；知书官8人；校理若干人，掌刊正典籍；书直、写御官100人抄写书籍；画直8人，掌图画的典藏校写；拓书6人；造笔直4人；装书直14人。此外，集贤院虽专为校书而设，但亦兼有修撰、侍讲、待制等职责，故设侍讲4人，辅导皇帝读书，讲论文史；待制若干人，起草诏书；修撰若干人，"承旨撰集文章"。

知识链接

集贤院的四处院址

集贤院院址共有四处，其中主院设在东都洛阳宫城内明福门外大街之西的太平公主宅，西向开门，面对武成宫。院内四库当门，画夫子坐于玄帐，左右诸弟子执经问道，南壁画有阴铿诗图，北壁画有松竹双鹤。张说亦曾有诗描述这里的情况曰："东壁图书府，西园翰墨林。诵诗闻国政，讲易见天心。"

西京长安有两处集贤院。一处在大明宫光顺门外之命妇院，院内东西80步，南北69步，院中有仰观台，为唐代著名天文学家一行和尚观察星象之所。另一处则位于兴庆宫和凤门南，院落较小，东西23步，南北30步。

集贤院的第四处院址在陕西临潼华清宫北横街之西羽林院附近，因玄宗常常游幸此地而起造。

2. 集贤院藏书的数量

作为"开元盛世"在文化事业方面的一个标志，集贤院最主要的特征就是有大规模的藏书。这里藏书主要来源于三个方面：一是经褚无量整理的内库书；二是向其他宫藏机构借抄之书；三是自开元五年（717年）以来所收集整理的新书。

经过数十年收集、整理的集贤院藏书，是一套系统完整的唐代国家藏书，数量已远远超过唐政府其他机构的藏书，史称"集贤之书盛积，尽秘书所有，不能处其半"（《玉海》卷五二）。据资料，集贤院藏书单本数量已从隋的3万多卷增加到8万余卷，其中见于目录著录的有5万余卷，增长速度确实惊人，故史称"唐之藏书，开元最盛"。至于集贤院藏书的复本数今已难以确认，只知其所有藏书均有正副本之分，且分藏于东西两京，正本供保存，由于是御本书，所以副本也仅供皇帝个人使用，他人不得问津。

3. 集贤院的图书编撰

集贤院自张说接任后，在继续校写典籍的同时，编撰新著亦成为一项重要工作内容。此时编撰的书籍主要有《唐六典》《初学记》《博闻奇要》《书语类》《续文选》《注文选》《闽史》《唐书》《玄宗实录》《老子疏》等，其中，对后世影响较大并流传至今的是《唐六典》与《初学记》。

知识链接

《唐六典》与《初学记》

《唐六典》是玄宗于开元十年（722年）下诏令丽正院开始编撰的，由张九龄等人主其事。玄宗手书六条，曰理典、教典、礼典、政典、刑典、事典，命以类相从，撰录以进。开元二十六年（738）全书成，共30卷。本书是封建国家发展到鼎盛时期的产物，它以官制为总纲，分为三师、三公、九寺、五监、十二卫等目，述其职司、官佐、品秩等，并以历朝沿革故实入于注中，成为研究我国职官发展史的一部巨作。同时，本书内容还涉及唐中期以前各种行政制度，这些制度当时虽然未全部实行，但唐人讨论典章，却常加引用。它还收入不少唐代诏令，包括许多重要的社会资料，如均田制度、赋役制度及各地物产与土贡，各地绢布生产及纸张生产情况，唐代户口制度、差科簿、屯田数等，均是研究唐代政治、经济情况的珍贵资料。

《初学记》是玄宗为供皇子学习，命徐坚等人编撰的一部官修类书。本书以知识为重点，兼顾辞藻典故和文章名篇。全书共30卷，分23部，列313个子目。它在编辑体例上吸取了之前各种重要类书之长，每一类目下均分"叙事""事对"和"诗文"三部分。值得注意的是，其"叙事"部分不像其他类书只是把征集的类事逐条抄上，条与条之间几乎没有联系，仅是汇辑资料，而是经过精心组织编辑，把类事连贯起来成为一篇文章。这样既能丰富知识，又便于临文时检查事类。而对于子目标题来说，等于是做了一番原原本本的说明，近似现代百科全书的做法。《四库全书总目》称它"叙事虽杂取群书，而次第若相连属，与其他类书独殊……其所采摭皆隋以前古书，而去取谨严，多可应用。在唐人类书中，博不及《艺文类聚》而精则胜之"，这可以说是道出了此书的好处。此书为历代学人所喜爱，版本达20余种，虽经千年，仍流传不绝。

宋宫秘阁藏书

秘阁实际上是设在皇城之外的皇家藏书楼。秘阁是宋朝中央政府的一个最重要的特藏书库，始建于太宗端拱二年（989年），位于崇文院中堂设有直阁、校理、判阁等官，由秘书监直接掌管，将当时从三馆书籍真本和禁中传出的古画、墨迹等10000多卷藏于其中。但实际上，直到淳化三年（992年）八月，秘阁建筑方才完成。在此之前，秘阁藏书一直置于偏厅庑内。建成后，宋太宗亲笔题写"飞白"阁名，亲制赞文并篆额，将其刻于石上，立于阁前，成为当时朝中的一件盛事。

淳化二年（991年），太宗又下诏，将原来由史馆收藏的天文、占候、谶纬、方术类的书籍5012卷、图画114轴，也全都移交秘阁收藏。这批藏书中，除书籍外，还有王羲之、王献之、庾亮、萧子云、唐太宗、唐玄宗、颜真卿、欧阳询、柳公权、怀素、怀仁等历代书法大家的书法墨迹，顾恺之画的维摩诘像、韩干的马、薛稷的鹤、戴嵩的牛、宋初东丹王李赞华的千角鹿、四川黄筌的白兔等著名图画作品，这些在当时也都是极为珍贵的文物。

至道元年（995年）六月，太宗又命内品、监秘阁三馆书籍裴愈到江南两浙诸州寻访图书。如收藏者愿意将图书献出，则高价收购；如果收藏者不愿献书，则暂借其书，在当地官府找人抄写，抄写完毕，马上发还，并赐给专为访书而携带的太宗皇帝手迹拓本。裴愈这次外出访书，共得古书60余卷，名画45轴，古琴9张，王羲之、贝灵该、怀素等人的书法墨迹8本，全都藏于秘阁。

可以说，秘阁建成之后，一直在源源不断地入藏各种珍贵图书、图画及文物。由于秘阁藏书越来越多，原有建筑已存放不下，于是真宗于景德四年（1007年）五月下诏，将内藏西库腾出以庋藏秘阁之书。

秘阁收藏宋代皇帝御制诗文集和墨迹数量最多。如太宗淳化元年（990年）七月，以御制《秘藏诠》10卷、《逍遥咏》11卷、《秘藏诸杂诗赋》10卷、《佛赋》1卷、《幽隐律诗》4卷、《怀感一百韵诗》4卷、《怀感回文五、七言》1卷，共41卷藏于秘阁。淳化三年（992年）十月，遣中使李怀节以太宗草书《千字文》1卷付秘阁。掌管秘阁事务的秘书监李至拍皇帝的马屁，要将其镌刻在《御制秘阁赞》碑的碑阴，为太宗所阻。淳化五年（994年）六月，太宗又命供奉官蓝敏正赍太宗草书5轴藏于秘阁，并诏史馆修撰张泌与三馆学士、秘阁学士前往观览。咸平三年（1000年）二月，诏藏《太宗御集》30卷于秘阁，仍录别本藏于三馆。

大中祥符四年（1011年）九月，馆臣们又请求将真宗皇帝的诗文集藏于秘阁。从此，真宗的诗文集开始交付秘阁编辑收藏，有书名可考的即有《静居集》《法音千集》《玉宸集》《读经史清景殿诗》《乐府集正说》等。天禧初，命龙图阁待制李虚己总编为120卷。

仁宗宝元二年（1039年），仁宗亲集天地、辰纬、云气、杂占等共156篇，分为30门，编为《宝元天人祥异书》10卷，召辅臣于太清楼，出而示

41

之，之后仍命庋藏于秘阁。

由于秘阁是特藏书库，所以，秘阁不仅在崇文院中享有特殊的地位和独特的收藏范围，就是同一品种的图书，秘阁所藏，也与他处有所不同。崇文院整理完成的黄本书籍也是首先交归秘阁收藏。秘阁藏书主要是供皇帝阅览，连崇文院秘书省的官员也不得借出，甚至时值一年一度的曝书点校活动，秘阁藏书都不许拿出阁外。

大中祥符八年（1015年）夏，荣王宫大火延烧至崇文院，秘阁藏书所存无几。秘阁在原地保留，称为"崇文内院"，负责收藏火灾后残存的图籍。由此更可见秘阁在崇文院中的特殊地位。

元丰五年（1082年）改制后，秘阁隶属于秘书省，但地位仍很独特，实际上一直在三馆之上。到南宋时期，三馆名存实亡，唯有秘阁成为秘书省中最重要的一个部门。

宋宫太清楼藏书

太清楼建于宋太宗太平兴国四年（979年），设在禁中后花园内。所藏图书范围广泛，内容丰富，主要收藏有御书墨迹，秘籍善本以及利用三馆秘阁藏书复制的四部图籍。藏书皆"以黄绫装裱，谓之太清本"。

咸平五年（1002年），宋真宗令刘均、聂震等人对太清楼部分舛误之书进行校勘，并编制了《太清楼书目》4卷。

天禧元年（1017年）八月，提举校勘书籍所上奏："学究刘溥、俟帷哲献太清楼无本书，各及五百卷，请依前昭甄录。"（《麟台故事·书籍》）这说明当时三馆秘阁和宫中殿阁藏书以太清楼为最全。

大中祥符八年（1015年），崇文院遭受火灾，三馆秘阁藏书大部被毁，宋真宗命借太清楼藏本予以补写重抄，抄得17 600卷。由于当时的崇文外院无处可放，所以这批抄本也全部交由太清楼收藏。《玉海》卷一六四记录云："太清楼藏太宗御制及墨迹石本九百三十四卷轴，四部群书三万三千七百二十五卷，其后群书增及一万一千二百九十三卷，太宗御集、御书又七百五十三卷。"

总之，太清楼藏书校勘精审，珍本、善本颇多，而且品种齐全，堪称当时皇家的一个保存本书库。

元宫奎章阁藏书

奎章阁设于元文宗天历二年（1329年），是聚集蒙古、色目及汉人、南人文士等为皇帝讲说古代治乱的历史和元朝的"祖宗明训"之所，也是藏书之地。由耶律楚材保存的耶律璋所修辽代实录，后来即交此处保存。"此书保管极严，不许轻易让人阅读。据《元史·文宗纪》中的"命朵末续为脱卜赤颜一书，置之奎章阁"来看，此种秘史也藏于奎章阁。除藏书外，这里也有编纂的职能。由奎章阁学士院负责编撰的综录元代典章制度的《经世大典》就完成于奎章阁。顺帝至元六年（1340年），罢奎章阁，改置宣文阁。

元宫秘书监藏书

秘书监是元代中央政府最重要的藏书机构，设于元世祖至元九年（1272年），"掌历代图籍并阴阳禁书"（《元史·百官志六》），以供御览。今据《秘书监志》，知其藏书"系金、宋流传及四方购纳古书、名画"。具体的收藏范围是：古代的各种历史记载，各种汉文及回回文（阿拉伯文）历书；古代各种记述地理变革、水道、关隘、名胜、古迹、物产、民风等内容的地理书、地方志，及蒙古西征时从阿拉伯带回的大量回回地志；元朝列帝的著述、圣训，各种科学技术方面的著作，以及各种法帖，字画，图像，碑志，释、道二教书等，可以说是网罗四部，不遗释、道。元代诸帝对秘书监的工作较为关心，下过许多圣旨，就秘书监的具体事务进行指导，并尽量从人力、财力方面保证秘书监妥善完成国家图书的收藏任务。

元秘书监长期没有编就书目，以致库内图书类别紊乱，寻检不易。元顺帝于至正二年（1342年）五月，批准了监丞王道的请求，同意秘书库依类登记编号，"置匦缮写"。通过

《秘书监志》书影

清点，具体掌握了当时各种在库图书的数量和册数。这份清单保存在《秘书监志》一书中，成为后人考察元代图书数量的一个重要依据。

尽管元代中央台省六部院司都有收藏文献档案的机构，但是秘书监毕竟是最具权威的典藏之所，所以皇帝尽量突出它的权威地位，所谓"供御览而资盛德也"。

明宫司礼监藏书

司礼监是内廷十二监之一，也是明代内府重要的刻书机构。下属的经厂专掌内府书籍的样版刷印，内有经厂库，有提督总其事，提督下有"掌司四员或六员，只管一应经书印版及印成书籍，并《佛藏》《道藏》《番藏》皆佐理之"（刘若愚《酌中志》卷一八），故所刻书籍后人称为"经厂本"。

司礼监全部藏书的情况，未见有专门的综合目录，明内府刻书的目录，可视为司礼监藏书的一部分，甚至可能是其主要部分。明刘若愚《酌中志·内府经书纪略》所载数目在140种以上，明周弘祖《古今书刻》所载内府书有83种。

明万历以后，国势衰微，经厂内所藏累朝传遗典籍，多被匠夫厨役偷出卖掉，再加上明末战火所毁，遗存无多。清代皇室藏书中尚有少量明经厂本，可能是接收下来的遗物。

此外，明代的经厂本曾经广颁各处，近如太子太孙、臣属、藩府，远至各地学校及邻邦各国。至今，藏古籍图书较多的国内外图书馆皆有收藏。

清宫方略馆藏书

清代方略馆是清廷为编纂方略、纪略而设立的机构，隶属于军机处，初设于康熙二十一年（1682年），时为编纂《平定三逆方略》而设。方略馆初设时并非常设机构，每届修书开馆，书成闭馆。乾隆十四年（1749年），经大学士张廷玉、来保等人奏请，为纂修《钦定平定金川方略》而重开，书成后并未撤销，遂为常设，直至宣统三年（1911年）四月，与军机处并裁。

方略馆位于隆宗门外咸安宫之左，内部设有文移处、纂修处、校对处、誊录处、书库、纸库、大库等机构。据清《光绪会典》记载，方略馆设有总裁官1人，由军机大臣兼任；提调官满洲2人、汉2人，收掌官满洲2人、汉2人，由军机大臣在满汉军机章京内派充，掌章奏文移、治理吏役；纂修官满洲3人、汉6人，除汉纂修官由翰林院咨送1人充补外，其余满汉纂修官均由军机大臣在军机章京内派充，掌编纂之事；校对官无定员，由军机大臣咨取内阁中书兼充，掌校勘之事；译汉官无定员，由吏部传取，掌清字文案的译汉工作；供事无定员，由内阁、翰林院、詹事府等衙门传取。

清制，每次规模较大的军事用兵行动结束或遇有国家重大政事，皇帝都要降旨将有关的上谕、奏折等档案史料按时间顺序编纂成书，以纪其始末，一般称为方略或纪略。清代由皇帝钦定的25部方略、纪略均是由方略馆编纂的。此外，方略馆有时也要承办其他奉旨交辑之书，如《大清一统志》《皇舆西域图志》等书均为方略馆所编。

方略馆中的丛书大致可分为以下几类：

（1）档案。在方略馆大库保存的档案中，仅有一小部分是方略馆自身形成的档案和方略馆为编纂方略、纪略而从京内外各衙门征调来的档案，相当大的部分是军机处的档案。

（2）书籍。方略馆大库保存的书籍主要有两类：其一是方略馆编纂的钦定方略、纪略；其二是钦定方略、纪略以外的其他书籍。

从现有的记载来看，方略馆大库收藏的钦定方略、纪略主要有：《钦定平定金川方略》（满汉文）、《钦定平定准噶尔方略》（满汉文）、《钦定剿捕临清逆匪纪略》《钦定平定两金川方略》《钦定兰州纪略》《钦定石峰堡纪略》《钦定平定台湾纪略》《钦定安南纪略》《钦定廓尔喀纪略》《钦定巴勒布纪略》《钦定平苗纪略》《钦定剿平三省邪匪方略》《钦定平定教匪纪略》《钦定剿平粤匪方略》《钦定剿平捻匪方略》《钦定平定贵州苗匪纪略》。

钦定方略、纪略以外的其他书籍以清代官修的各种书籍为主，其来源主要有三条途径：第一，方略馆为编纂方略、纪略而从京内外有关衙门征集来的，这是方略馆大库收藏书籍的主要来源；第二，方略馆奉旨纂辑的方略、纪略以外的其他书籍，在告成后照例由方略馆保存进呈的正本或刊刻样本；第三，其他修书机构纂辑的书籍，奉旨颁发给方略馆备查、备考。此外，还有乾隆年间为编《四库全书》从全国各地征集而来，但最终未编入《四库全书》的图书副本。

（3）舆图。方略馆大库保存的舆图，绝大多数是京内外官员随折进呈的，

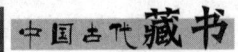

主要分舆地、河道堤工、军务道路、行宫、坛庙、陵墓、建筑、其他等类别。

（4）其他。主要包括皇帝御笔、墨拓片、功臣像、其他杂物。如：铜印、石戳记、木戳记、锡笔架、锡砚、经卷、铜佛、泥佛等。

上述方略馆大库保管、收藏的档案、书籍、舆图、物件，在清朝灭亡后由于各种原因，除一小部分被损毁外，大部分流出宫外，至今分散保存在不同的地区、机构中。其中，军机处档案和方略馆档案，主要保存在中国第一历史档案馆和台北故宫博物院；书籍、舆图，分散保存在北京故宫博物院、国家图书馆、中国第一历史档案馆、甘肃省图书馆、河南省博物馆、台北故宫博物院等单位；档案、书籍、舆图之外的物件，多数保存在北京故宫博物院。

清宫内阁大库藏书

内阁大库位于紫禁城东华门内、文华殿之南，在清代隶属于辅佐皇帝办理政务的中枢机关——内阁，是内阁存贮档案册籍的处所。内阁建于明代，

《大清一统志》书影

建成具体时间无准确记载。

内阁大库是红本库、实录书籍表章库两个库房的总称。

内阁西库为红本库，共 10 间，通为一体，楼上楼下，皆贮红本，兼贮典籍关防；东库为实录书籍表章库，内有隔断，库各 5 间，一半为满本堂存贮《实录》、史书录疏、《起居注》及前代帝王、功臣画像等物，一半为存贮书籍及三节表文、表匣及外藩表文之所。

内阁大库虽建在明代，也曾入藏过明文渊阁的残余书籍，但清代使用大库时，明代所藏已经一无所有，内阁大库的库储都是清时期入藏的。清代内阁大库，旧称秘藏。所藏历代册籍及封贮存案之件、汉票签之内外纪，均记载了百余年诏令陈奏事宜。300 年来，除舍人省吏循例编目外，学士大夫，罕有窥其美富者，就卿翰林部员也终身不得窥见一字者。清末民初，当内阁大库库储面世时，引起了社会极大震动，人们将其与敦煌写经、甲骨文并称为三大发现。

内阁大库中的收藏，根据其不同的来源，大致可归纳为以下几类：

（1）盛京旧档。入关前，满族在东北建立了后金政权，清代内阁即由后金的文院、内三院沿袭而来。清朝定都北京，入主紫禁城后，盛京旧档成为内阁大库中的最早藏品。这批档案数量不多，但由于清入关前的资料匮乏，因此，它们成为研究清代开国史最重要的史料。其中，《满文老档》《满洲实录》《太祖武皇帝实录》及各种文书档案等弥足珍贵。

（2）清代国家机器在运转过程中由内阁承办的上呈下行文件。这部分档案文件的数量在内阁大库中占绝大多数。此外，库储中还有不少外国及藩属向清朝进贡的表文，如朝鲜、琉球、越南、缅甸、苏禄、暹罗、廓尔喀以及俄罗斯、荷兰、日本、英吉利等国进贡的表文及贡单等。

（3）内阁与各衙门及其所属各机构例行公事所形成的档案。来往文书中有启本、揭帖、塘报、申报、移会、手本、移付、片行、咨、知照、知会等。汇抄存查和登录记载的各种簿册，有专为抄录皇帝谕旨的"丝纶簿"；有抄录军机处每天交办奏折的"大记事"；有抄录题本，以供史官记注的"史书"。

（4）官修书籍及其底稿。内阁大库所存官修书籍以《实录》《圣训》为数最多，全部存放在东库，即实录库。

（5）为修书征集的参考史籍等。

大库所藏书籍，均存置于东库，东库内部除《实录》《圣训》外，又设

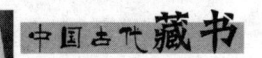

礼、乐、射、御、书、数六库。礼、乐、射、御四库收贮档案，书、数两库专贮书籍，清代乡试录、试卷也贮于数字库中。

清宫上书房藏书

上书房位于乾清门内东侧南庑，北向，五间。

"上书房"是对宫内未成年的皇子、皇孙进行教育的地方。西苑、圆明园也各设上书房。有时清帝远离紫禁城，在驻跸之地"御门听政"，便在听政处附近设上书房，命皇子、皇孙于上书房学习，目的是随时随地稽查他们的学习情况，以培养他们成为清统治阶层的继承者。

清康熙三十二年（1693年），开始设立上书房，地址在西华门内南薰殿、兆祥所等处。雍正初年，移设于乾清门内东侧南庑，此后未再变更。

据清室善后委员会于1925年的点查，上书房藏书140种，10055册。其中成书时间最早的是两种明版书：《大明仁孝皇后劝善书》两部，永乐三年（1405年）刻本；《唐宋八大家文钞》30册。其他藏书则成书于清代。

上书房还藏有《列朝圣训》两部，每部48函，共448册；《清文圣训》50函，300册；《御制诗文集》152函；清文《八旗通志》50函，390册。清文《皇朝开国方略》也是皇家子弟的必读书。

经、史是上书房学生的主要课程，故上书房藏有《五经》《四书》《御览

上书房牌匾

经史讲义》《日讲书经解义》《钦定尚书注疏》《御纂朱子全书》《十三经注疏校勘记》《四书经学考》《读本书经礼记左传》及《二十四史》等书，供上书房的师傅及学生们使用。这些书大多是清代内府刻本。

满文、满语是皇子、皇孙的必修课。上书房藏满文书 1100 余册，占上书房总藏书量的十分之一。其所藏满文书有《圣训》《古文渊鉴》《日讲四书解义》《汇书》《通鉴正续编》《皇朝开国方略》《八旗通志》等。

上书房所藏小学类及诗文书籍有《诗韵集成》《苏文忠公诗集》《佩文韵府》《沈文忠公集》《诗韵合璧》《唐宋文醇》《高厚蒙求》《斯文精萃》《唐诗合解》《诗韵珠玑》《诗纪》《历代文宗》《唐文粹》《全唐文》（100函，1004册）、《文体明辨》《秦汉鸿文》《钦定文鉴》《说文长笺》《馆课集》等。

上书房还藏有《满洲实录》和《国朝宫史》两种写本书，皆为稀见珍本。

除了上述典籍之外，上书房中还有部分不属于皇家子弟学习范围的书，如《钦定平定陕甘新疆回匪方略》《纪效新书练兵纪实合刻》《钦定剿平粤匪方略》《钦定剿平捻匪方略》等。

1925 年 1 月，清室善后委员会点查上书房物品，将其中的藏书移置寿安宫保藏。

知识链接

《满洲实录》与《国朝宫史》

《满洲实录》总共四部。第一部写于天聪九年（1635 年），第二、三部写于乾隆四十四年（1779 年），第四部写于乾隆四十六年（1781 年），分别收藏在乾清宫、上书房、盛京（今沈阳）和避暑山庄。此书每页三栏，用满、汉、蒙三种文字书写，并有图。我们现在见到的只有上书房本。1930

年辽宁通志馆曾据盛京本影印，无满、蒙文。

上书房本《满洲实录》，用满、汉、蒙三种文字分栏书写，有绘图。对皇家子弟来说，无论是对照学习满、汉、蒙文，还是了解本民族的兴起，均是很好的教材。《满洲实录》今藏于中国第一历史档案馆。

《国朝宫史》是乾隆帝言明留给后嗣子孙的必读之书。乾隆帝看到记载明朝宫廷事实的《明宫史》一书，很有感慨。他认为明代的灭亡，并非亡于宦官，因为使宦官得志揽权、肆毒海内的是人君。他决定修本朝宫史，使后嗣子孙，世世遵循，当其知所则效，知所警戒。这样，内廷大学士鄂尔泰、张廷玉等根据乾隆帝谕旨，于乾隆七年（1742年）开始编纂《国朝宫史》，至三十四年（1769年）底书成，共有14函、136册。此书汇编了乾隆二十六年（1761年）以前的清代宫闱禁令、宫殿苑囿建置、内廷事务和典章制度。前后缮录三部，分别藏贮于乾清宫、上书房、南书房。此书于民国时有了铅印本。

第二节
地方教化沐福泽——官府藏书

官府藏书概述

本处所指官府藏书，主要指中央官府与地方官府两种官藏书籍。
官府藏书的种类和特点主要体现在以下三个方面。

1. 朝廷颁赐的官府藏书

这类藏书主要包括两方面的图书：一是御敕诏书与所谓的御书御札，二是国子监雕印的经史典籍。

各朝君主好舞文弄墨，作诗撰文，留下了数以千万计的御书御札，除了赐给近侍大臣外，还赐给寺庙宫观，也赐给地方官府、学校。为了表示得到君主的宠爱和褒扬，如同寺庙宫观建立御书阁，州府也都将朝廷颁赐的御书御札视为珍宝，专门筑书阁珍藏之，亦称为御书阁。

除了颁赐御书图籍外，朝廷还更多地赐给各地官学"九经"等教学必需图书。

2. 官府藏书中的地方刻书

官府刻书很多，既有中央一级机构的监司、转运司、茶盐司、提刑司刻印的图书，又有州府、县刻图书，还有州学、府学和县学刻印的图书。

历代地方官方刻书事业大都十分兴盛，所刻印的图书自然成为本地官府藏书馆藏之一。地方官方刻书不但丰富了当地官府、官学的藏书，还方便了个人购买，也增加了中央官府的藏书。

3. 收集与进献的官府藏书

为了扩大地方官府藏书，历代各级地方行政长官一般都比较注意收集图书，除了向朝廷请求赐予外，还通过购买和向民间广泛收集的办法积聚图书。朝廷会对地方政府采取一定的优待政策，在经济上减轻了各地购置图书的压力，加上朝廷的颁赐，从而保证了地方官府、官学基本的图书收藏。

由于有朝廷与中央政府的支持，有良好的私家藏书作基础，再加上多种渠道的藏书来源，地方官府藏书发展较快，藏书数量较多，各地官府一般都有本地的藏书目录。

宋代成都府藏书

宋代地方官府藏书包括两个方面：一是路州（府军监）、县行政管理机构，二是州府、县官办学校。

宋代的三级行政管理机构负责辖治地区的政治、经济、军事、法律事务，当然也负责本地区包括图书业在内的文化事业。在宋代典籍中，关于路、州府一级刻书藏书的记载材料不少，但却没有有关具体负责地方官府图书收藏的部门以及固定的藏书处所的记载，一般都是在长官办公处设立书库贮藏图书，并与私家藏书者一样，取以某某阁、某某堂的名字。其中最著名的是熙宁四年（1071年）成都知府吴中度所建的经史阁。吕陶（1031—1107年）为之所撰《经史阁记》云：

五代之乱，疆域割裂。孟氏苟有剑南，百变草创，犹能取《易》《诗》《书》《春秋》《周礼》《礼记》刻于石，资学者。吾朝皇佑中，枢密直学士京兆田公加意文治，附以《仪礼》《公羊》《谷梁传》所谓九经者备焉……惟经史阁之成，基势崇大，栋宇雄奥，下视众屋，匪隘即陋，聚书万卷，宝藏其间。

从此文中，我们可以看到成都府这一藏书楼建筑规模之宏大，藏书之多。

宋代建康府藏书

著名的官方藏书楼是叶梦得（1077—1148年）于南宋绍兴年间在建康（今江苏南京市）所建的"绀书阁"。绍兴元年（1131年），叶梦得在第一次出任江南东路安抚大使兼知建康府时，看到受金兵房掠后的城郭，郁为榛莽，学校图书破坏殆尽，于是勉励学校，延集诸生，得军赋余缗六百万，以授学官，使刊《六经》。绍兴八年（1138年），当他再次担任江东安抚制置大使兼知建康府时，又以公厨羡钱200万遍售经史诸书，于安抚使厅西北隙地，"作别室，上为重屋，以远卑湿，为之藏而著其籍"，取司马迁金匮石室之意，命之为"绀书阁"。

叶梦得在建康建绀书阁，用于地方官府收藏图书以供公众阅读，被后世誉为"开地方公共图书馆"之先河。

明代南京国子监藏书

南京国子监为明太祖建都南京时所设置，成祖迁都北京后，南京仍设国

南京国子监

子监。明初，朝廷以行政命令征调杭州西湖书院所藏宋国子监书版与元杭州西湖书院所刻书版，为数在二十余万片。这些书都是宋元旧版，经加整理，不啻化身千百，是相当可贵的一批藏书。据周弘祖所载，南京国子监刊书数量很多，《大学》有《大学丛说》《大学白文》《鲁斋大学》等多种。经部书有《孝经集解》等54种。子部书有《颜子》等20种。史部书有《史记》等40种。从书目看，明以前诸史皆全，通鉴类即有《资治通鉴》《通鉴纲目》《通鉴音释》《通鉴问疑》《通鉴外记》《通鉴释文》《通鉴前编》《通鉴外记》《通鉴释文》,《通鉴考异》《通鉴纪事本末》等多种。集部书有《雅颂正书》《皇明文衡》《曾文质公集》等诗文集30种。此外尚有《玉海》等杂书91种、《大明令》等本朝书13种及《四箴书体》等法帖9种。

南京国子监藏书的数量和质量皆在中央各部机构之上。此外，南京吏部、兵部、钦天监、工部、太医院、南京提学察院等也都刊有数量不等的书籍，总数更是可观。

清代翰林院藏书

翰林院是清廷分掌论纂文史的机构。清廷因修《四库全书》而庋置图书于翰林院，故其藏书在官府藏书系统中占重要地位。清初置文馆于盛京，命儒臣翻译满汉书籍，并记注本朝得失。天聪十年（1636年），文馆改名为内三院，其中包括后来设置的内阁与翰林院的职掌。顺治元年（1644年）沿明制置翰林院，后又有调整。康熙九年（1670年），再改内三院为内阁，翰林院成为一个独立机构，故翰林院人员众多担任的是朝廷经筵日讲、论撰文史、编辑校勘和稽查史事、考选人才等职责。

翰林院署于乾隆九年（1744年），重加修葺而成，乾隆三十八年（1773年）年于院署设四库全书馆，为编纂《四库全书》之处。朝廷修纂《四库全书》时，由于各省进到之书一部分是所经办官吏采进之书，当然可以放置宫廷。一部分是各省藏书家进呈之书，在征集图书时，曾许诺抄写以后可以奉还原主。但随着修书工作的进行，都感到要发还原主是困难的事。于是就把这些书籍截留，也存在一个版式不一、分签插架不能整齐的问题。如果统一抄副本保存，又费事费工，故最后于乾隆五十一年（1786年）提出直接贮底本。这样，就构成了翰林院藏书的基础。

翰林院藏《四库全书》底本的数量，据刘墉在乾隆五十一年（1786年）

翰林院牌匾

奏称："翰林院查明付复：收过各省采进及各家进呈各种书籍，共计一万三千五百零一种。除送武英殿缮写书籍三千九十八种，又重本二百七十二种，除已经发还各家书三百九十种外，现在存库书九千四百十六种，内应遵旨交武英殿者六千四百八十一种，应发还各家者二千九百十八种，军机处及内廷三馆移取者十七种，又销毁书一百四十四种，均另行存贮。"由此可知，翰林院是作为藏书处存放书籍的，这些书以后将移置于武英殿。

知识链接

历经劫难的《永乐大典》

翰林院藏书中有《永乐大典》一部，其在清代是历经劫难的。

据昭梿《啸亭杂录》的记载，《永乐大典》虽有一部藏于宫中皇家档案库——皇史宬，他听徐乾学说过，这一部《永乐大典》较翰林院的还齐备些。现在要准确说这一部书是明永乐时的正本，还是嘉靖时的重抄本，是比较困难的。但是，翰林院所庋藏《永乐大典》，全祖望在翰林院看过，作有《钞永乐大典记》以记其事。乾隆三十八年（1773年）二月初六，朝廷批准朱筠提出的从《永乐大典》中辑佚的建议。二月初十，军机大臣复奏称：《永乐大典》"今现存九千余本"。此书于明永乐年间修成时，共有23900余卷，11095册。也就是说，当时查验翰林院所藏全套，已经散失2000余册。

《四库全书》修书期间，修书官吏大量利用《永乐大典》辑佚图书。其间，戴震、邵晋涵、周永年等做了大量工作。到乾隆四十六年（1781年）时，共从中辑出经部书66种，史部书41种，子部书103种，集部书175种，共计385种，4946卷。很多重要典籍和宋元人的诗文集，因流传中残缺或散佚，都赖此次辑佚得以保留下来，丰富了古典文学以至古代文化遗产的宝库。

嘉庆至光绪年间，因修官书也利用翰林院藏《永乐大典》做过辑佚工作。

咸丰十年（1860年），英法联军侵占北京，《永乐大典》被英法联军掠夺，逐步流出境外。光绪元年（1875年），重修翰林院署时，《永乐大典》遗存不到5000册。光绪二十六年（1900年）六月，八国联军入侵北京，翰林院《永乐大典》遭受重大损失。现存于国内外的只有370余册，810卷。

清代国子监藏书

国子监为清廷最高学府。初设于顺治元年（1644年），雍正五年（1727年）始特设大臣总理监事，设有祭酒、司业、典簿、典籍等官。典籍厅设汉典籍一员，职掌贮监书籍、碑石、版刻，凡匠役开晒拓印各种事务，皆由典籍总管。可以看出，国子监由于教育研究的需要，是有专门的藏书提供师生使用的。

据《钦定国子监则例》的记载，国子监藏书大致有以下几种：一是"圣制诗文集"，如顺治的《圣制资政要览》三卷，康熙的《圣制文初集》四十卷、《二集》五十卷、《三集》五十卷、《四集》三十六卷及《圣谕十六条》一卷，雍正、乾隆、嘉庆诸帝的诗集、文集等；二是"御纂、钦定书籍"，这方面收集大量朝廷以"御纂""钦定""敕编"为名的各种书籍，由于清代康熙、雍正、乾隆诸朝都组织编撰图书，故涉及经、史、子、集各部类，且数量是颇大的；三是"圣制石刻碑记""武英殿版片"，国子监保存的碑版与木刻版片非常丰富，如武英殿版片共有五十三种，十三万六千九百零十四块，这中间既有御纂诗书版片，又有《十三经》《二十三史》《三通》《八旗通谱》等大部头图书的版片。这些版片是可供武英殿或国子监本身刷印图书的。

国子监收藏图书分总库和分书库两级。彝伦堂书库和御书楼是总书库，六堂（率性、修道、诚心、正义、崇志、广业六个讲习之所）等则有藏书分库，可以供给本监师生阅读。故"国子监则例"有收发书籍（即借阅）之办法。《钦定国子监则例》规定："肄业诸生需读书籍，向六堂及博士厅取凭移付给发。"这就是说，一般生员需读书籍，可以分别向六堂和博士厅助教及博士领取凭证，然后到典籍厅办理登记手续即可。

关于国子监藏书数量，有两个目录可供参考：其一为道光四年（1824年）纂修的《国子监则例》，卷三十二记载"恭贮"御制、钦定诸书及碑刻情况，卷三十三记载藏贮书版情况，计书《世祖章皇帝圣制资政要览》等45种、石刻碑记《世祖章皇帝圣制晓示生员卧碑》等39种、历代碑刻《周石鼓》等16种，武英殿、国子监刻的书版58种；其二为道光七年（1827年）抄本《成均书目二种》，载国子监典籍厅藏书44种、石刻58种，御书楼藏书130种。这些记载并不是国子监藏书的全部。

北京国子监

监内藏贮书籍之管理，责任明确。如《钦定国子监则例》规定，学生借书后"缘事出监，该博士助教等不行催缴，责在该博士等，如遇博士助教等升迁故事，该厅不为查询催缴，责在该厅"；至于各堂属官取阅书籍，"亦皆登记入册，阅毕领回，不得瞻徇"。御书楼也允许监生借阅，但应"立限呈缴，失者责偿"。可以看出，国子监所藏书籍采用"典籍掌其成数，博士司其出入"的共管制度。

光绪三十一年（1905年），清廷设学部，国子监被裁，所藏图书版片得以保存。

第三章
圣贤师友同沾溉——书院藏书

　　书院在我国有着悠久的历史。它源于唐，盛于宋，衰亡于清末，历时千载，是我国古代社会特有的一种教育组织形式，在中国教育发展史上独具特色，它对我国封建社会后期学术文化的发展，人才的培养，起到过巨大的推动作用。

　　藏书、供祭和讲学，是历代书院的"三大事业"。由于藏书是古代书院的重要内容和特征，书院藏书也因此成为我国古代藏书中的一种重要类型，与官府藏书、寺观藏书、私家藏书一起，并称为我国古代藏书事业的四大支柱。

第一节
读书万卷圣贤心——书院藏书概述

书院藏书的起源

宋代学者王应麟的《玉海》曾经对书院作过解释："院者，垣也。"书院是指用一圈矮墙将建筑物围起来而形成的藏书之所，其实就是古代的图书馆。

书院的萌芽可以追溯到汉代，与汉代的"精舍""精庐"有一定的承继关系。不过汉代的"精舍""精庐"，私家讲学皆由口授，限于当时出版技术水平，尚不具备藏书条件，将它们当作书院的前身未尝不可，但还不能算作真正的书院。

书院这个名称始于唐代。随着纸张的大量使用和雕版印刷术的发展，书籍越来越多，必须建造较大的藏书处所来安置藏书，以方便读书人，于是就产生了真正意义上的"书院"。书院根据主办者的不同，也随之形成了官办与私办两类。

书院藏书的发展

书院和书院藏书的大发展应该说在宋代。北宋初期，经过一段时间的休养生息，国力渐趋强盛，士子们有了就学读书的需求。而朝廷忙于武功，一时顾不上文教，更缺乏财力兴办足够多的学校以满足各地士子的需求。因此，各地名儒、学者和地方官吏纷纷兴建书院以化育人才。当时的一批著名书院，如白鹿洞书院、应天府书院、岳麓书院、嵩阳书院等，就是在这种背景下建立并发展起来的。这时雕版印刷术的推广和以后活字印刷术的发明，更为公私刻书和藏书创造了便利条件。各书院的主持人和地方官吏努力经营书院，聚集藏书，北宋朝廷也给一些书院颁赐了大量图书。于是这时期的书院藏书十分丰富。到了北宋后期，统治者为了更直接地掌握人才，十分重视科举，大力振兴学校教育，从而冷落了书院。在这种背景下，北宋书院一度衰落。

应天书院

到了南宋，风气又变。首先，北宋后期兴办的官方学校很快变成了科举的附庸和政治斗争的工具，日益腐败。另外，学校开支全部由官方负担，而这时的官府内有农民起义的忧患，外有辽、金入侵的威胁，财力匮乏，办学经费严重不足。再次，以朱熹、陆九渊为代表的理学在社会上日益盛行，理学家们的讲学活动活跃起来，于是又出现了一个大办书院的高潮。南宋的书院实际上是讲研理学的场所，当时的社会地位很高，影响很大。宋代书院共有397所，其中北宋约占22%，南宋约占78%。可见，南宋书院的发展非常迅速。

元代统治者入主中原后，出于缓和民族矛盾与阶级矛盾、进行文化控制的目的，十分重视文化教育。一方面大力提倡理学，奖励书院，因而书院在元代也得到了很大发展。但另一方面，元朝官府对书院控制严密，自由讲学的风气不浓，书院充满官学气。元代书院藏书的来源主要是书院自行刻书、私人捐赠和书院出资购买，朝廷赐书尚无史料记载。因此，书院藏书事业发展缓慢。

时至明代初期，书院仍维持着元代的规模。到嘉靖年间，随着科举制度弊端丛生，官学日益腐败，一批士大夫重新提倡自由讲学风气，书院才又兴盛起来。但统治阶级重视科举制度，只号召天下学子精研儒经，不提倡广泛涉猎、率性读书。受此社会大环境的影响，明代书院虽多，但藏书丰富的却并不多见。另外，明代书院教育以"会讲"为主，重清谈，轻读书，藏书事业因此也受到了一定程度的忽视。受讲学风气的影响，各地纷纷建立书院，自由讲学的风气弥漫开来，一些著名书院往往成为社会舆论的中心，针砭时事，评议政治。这样就遭到了当权者的猜忌，发生了四起禁毁书院的案件，其中以权宦魏忠贤迫害东林党人一案为最，天下的读书种子霎时好像都被剿灭尽了，明代书院就此一蹶不振。

至清，统治者也一度实行严酷的文化禁锢政策，他们害怕书院的自由讲学之风会撼动其统治基础，所以对书院的活动严加控制。但到了乾隆、嘉庆年间，或许考虑到书院影响久远，禁不如疏，统治者便改变了文化控制的策略，转而大力倡办书院，加之清代的学术重朴学，考据需要广搜异本、比勘众家，对文献的需求量极大，所以书院藏书又逐渐兴盛起来。清代的书院藏书事业超过以往的任何一个朝代，主要原因是兴朴学，重经史，更有朝廷赐书和官员赐书，再加上自行刻书的越来越多，书院藏书一时蔚为大观。后来随着封建制度的迅速崩溃，书院制度也迅速解体。光绪二十七年（1901年），将书院改设为学堂，省城设大学堂，各府和直隶州改设中学堂，各州县改设小学堂并多设蒙养学堂。于是，从唐朝兴起的书院，至此算是基本结束了，所有书院藏书也陆续为各地图书馆所接收。

书院既以拥书讲学为务，则无书即不成书院。因而历代书院都比较重视藏书，无不以藏书浩富为荣，只是限于环境和条件，在藏书规模上有大小的差别而已。综观我国古代书院的发展史，可以看出书院教育事业的兴衰与书院藏书的发展是息息相关的。

书院藏书的来源

建立丰富的书院藏书，需要不懈地积累，更需要广辟书源。南宋郑樵最早提出了书籍访求的八种方法，对历朝图书寻访工作影响较大。总结起来，书院藏书的来源一般有如下几种。

1. 捐赠

这是书院藏书的主要来源。向书院捐赠图书是历代的传统，尽管捐赠图书的多少不等，捐赠的目的各异，但都为丰富书院藏书做出了重要贡献。

（1）皇帝赐书。皇帝赐书一直是书院藏书的主要来源之一。书院往往是思想比较自由之地，统治者为了控制文人士子们的思想，也为了笼络人心，达到维护封建统治的目的，经常赐书给书院。所赐多为代表正统思想的御纂、钦定和官刻的经史类图书。

(2) 官吏赠书。地方官吏为了博取文雅之名，以正教化，常常捐书给书院。书院有时也出面向官员、地方乡绅募集。

(3) 私人赠书。书院的实质是一种私立学校，其设施（包括藏书）往往靠书院主持者的私谊来获赠。私人赠书因捐赠时间不同，捐书者个人地位、学术水平、兴趣爱好等各异，因而显得丰富多彩。有的学者捐赠个人新著，对书院开展学术交流、提高研究水平极有帮助。

2. 书院自己购置和刊刻的图书

历代封建统治者为了维护自身的统治，多鼓励设置书院，并分拨学田以维持。书院经营着产业，以产出支持着自身的文化活动，这就叫"以院养院"。有能力自行购置和刻印图书的书院，其藏书一般数量多、质量高、品种全，内容丰富，独具特色。

(1) 书院购置的书籍。书院藏书大都直接服务于教学，一般不会购买巫医、卜卦、工技之类的书，也不像藏书家那样刻意追求版本齐全或古稀版本，而是根据自身需要和经济条件，围绕书院教学内容有选择地购买。"所购各书，大半官局新印，纸质坚韧，可以经久。"（《大梁书院购书略例》）有的书院地方僻远，尤其是清代，书院分布极广，一些偏远地区的书院在当地无法购得好书，就派人到江南等地购书。可见，书院藏书也注重藏书的复本量，及时地补充缺本。

(2) 书院刊印的书籍。隋唐发明了刻板印刷术，书院充分利用了这项技术。同时，书院又是文人与学者聚集的地方，他们能对自己所刊刻的图书反复校勘，因此能出版质量很高的图书。另外，书院刻书业的发达与理学的发展密切相关。从宋代开始，各代书院大部分都是研究和讲解理学的场所，加之以科举制度的成熟和发展，儒家经典也就成为读书人的主要教材。"四书""五经"是通用教材，宋明理学大师们的著作、讲义、语录等都成为学人们必备的重要文献，需求量越来越大。加上统治者为了加强控制而鼓励书院的设置，有时分拨学田以充资本，书院通过各种经营活动，也获得了一定的刻书经费。书院刻印的书籍，不但补充了本院藏书，而且有的畅销全国。

(3) 书院抄写的书籍。宋初的书院设有手抄经文的日课，但这只是一种拾遗补缺的做法，所成有限。

书院藏书的特点

我国古代书院的藏书特点，除受出版、学术等因素制约外，还往往取决于不同的收藏目的及经济状况。书院藏书是为了有效配合书院的教学内容，为书院师生服务而设置的一种"学校公共图书馆"。所以，书院藏书具有很强的共同性，具体表现在，藏书的内容上以经史等学术著作为主，版本上以通行本为主。

（1）儒家经典是中国传统教育最主要的内容。书院的基本教材是六经，所谓"日月不灭，万古六经，囊括万有，韬运经纶"，又把注释、研究六经的一些著作奉为"神圣之书"，将"四书"作为必读书目。除了这些儒家基本典籍外，书院藏书也会因各个书院的教学内容、学术流派、地域位置的不同而有所差别。不同书院的藏书，或致力于辞章，或致力于小学，或致力于经济，或偏重于采纳地方著作，各具特色。正因为书院藏书是书院教学的工具，所以书院一般不会收藏超出教学内容以外的书籍，术数、工技等实用性的书籍大都不在收藏之列。

（2）书院藏书以通行版本为特点。书院藏书与私人藏书不同，私人藏书的目的是为了保存、鉴赏或考据、校勘，所以特别重视藏书的版本。而书院藏书是为了教学的需要，这就从根本上决定了它追求通行版本的特点，以教学类图书作为收藏与刊刻的重点。同时，书院藏书的来源方式也在一定程度上限制了书院藏书的版本，使其不可能片面追求版本的价值。

总的来看，书院藏书无论从规模、品种，还是版本，都无法与其他类型的藏书方式相比，也无法像一些国家藏书、私人藏书那样能够较好地保存下来，而是随着时间的流逝而湮灭了。但是，正如谭卓垣在《清代藏书楼发展史》中所说："书院藏书是值得一记的，因为它们对中国的学术产生过很大的影响。"

（3）书院藏书直接推动了古代学术研究的发展。历代书院都聚集

南宋明道书院

了大批的文人学士，其中许多还是有名的学者，他们不但讲学授徒，而且进行学术研究，著书立说。宋代大儒朱熹在书院的教学中大力发展了理学。清代学者黄宗羲、钱大昕、段玉裁等人，既是书院的院长，也是考据学家。历代文人学者正是利用书院的丰富藏书，进行了大量的学术研究，为我国古代学术研究的发展做出了贡献。

由此可见，书院藏书在我国古代藏书史上具有相当重要的地位，书院藏书楼在某种程度上已经具备了现代图书馆的特征。

第二节
传注六经光往圣——历代著名书院藏书

唐代义门书院藏书

义门书院在江西德安，是唐代陈衮为振兴家族而兴建的义学。他在风景优美的地方建起书院，共有房屋数十间，并捐出数千卷书籍和田地20顷作为书院的经费。族中子弟年满20岁的都可以就读。《陈氏家法》中专门制定了书院的有关管理制度，其中对藏书管理作了较为详细的规定。该书院是中国书院藏书制度从自发走向自觉的一个重要标志。

义门书院是由义门陈氏创办的

知识链接

宋代应天府书院

应天府书院在河南商丘，亦称睢阳书院，为宋代四大书院之一。一般书院往往设在山林僻静之地，而此书院却在繁华闹市。它的建立也有一个绵延几代、勤于办学的故事。五代后晋时，杨悫建私学"南都学舍"，后来其弟子戚同文继承其业，再建的学舍即称"睢阳学舍"。宋真宗即位初，平民曹诚出资扩建旧址，建起书舍150多间，聚书1500卷。宋真宗大中祥符二年（1009），曹诚捐献出学舍给朝廷，并建议由戚同文之孙主持学舍。真宗不但同意，而且赐予"应天府书院"的匾额，从而取得了官学的地位，成为宋代较早的一所地方官学，"州郡置学始于此"。大名鼎鼎的政治家、文学家范仲淹曾在此学习6年。当时，书院延请了很多名师，又严格整饬院风，因此，"人乐名教，复邹鲁之盛"，成为著名的书院。在宋仁宗庆历年间（1041—1048年），升级为南京国子监，与洛阳国子监齐名。

宋代丽泽书院藏书

丽泽书院在浙江金华，原本是南宋吕祖谦兄弟授徒讲学之所。吕氏制定了严格的教学制度，先后有《乾道四年九月规约》和《乾道五年规约》，而且经常与当时的大学者往来切磋学问，并自行编著教材《丽泽讲义》，供生徒学习。所以，远近的士人纷纷到此，书院名声大振。藏书楼名为遗书阁，藏书丰富。以后又有重修，并开始刊刻图书，尤以司马光《切韵指掌图》最为著名，是宋

丽泽书院

版书院本的珍品。宋理宗淳祐六年（1246年），御赐给书院匾额，书院成为南宋四大书院之一。丽泽书院建有遗书阁，专门收藏书院创始人、号称东南三贤之一的吕祖谦的手稿，实开现代图书馆设立名人专藏的先河。

明代白鹿洞书院藏书

白鹿洞书院在江西九江庐山，又称白鹿洞书堂、白鹿书院、朱晦翁书院，为宋代四大书院之一。原为唐代李渤读书之地。南唐在此建有庐山国学，亦称庐山国子监、白鹿国庠。宋太祖开宝九年（976年），在国学旧址上改建为书院。太平兴国二年（977年），应江州知州周述之请，宋太宗将国子监所印《诗》《书》《易》《礼记》《仪礼》《周礼》《左传》《公羊传》《谷梁传》等儒家九经赐予白鹿师生，并派车船专程送到洞中。经过多次兴废后，南宋孝宗淳熙年间，大学者朱熹来到这里担任洞主，开始重建房舍、聚集图书，并亲自讲学。他制定了《白鹿洞书院揭示》等规章，设立了"四书""五经"等课程，自刻教材（《论孟要义》等），采取了多种教学形式开展教学活动，这些形式逐渐在各书院得到推广，并成为后代书院的传统。朱熹为书院的藏

白鹿洞书院

67

书做了不懈的努力，先后向官府和朝廷求援，并将朋友送自己的一套《汉书》捐给了书院。

书院藏书楼名为云章阁。"云章"出自《诗经·大雅》，含义是"笔迹"，此阁是为了纪念宋孝宗赏赐给书院的高宗皇帝的御书石经拓本而命名的。宋孝宗所赐御书石经拓本包括：《易》《诗》《书》《左传》《论语》《孟子》及《礼记》中的《学记》《经解》《儒行》《中庸》《大学》五篇。书阁原来"总高深之数，为丈者率不满二，其广特加一焉"，后来得以重建，"所增或以丈计，或以尺数，蔑有不慢之虑，书院伟矣，阁崇且广矣"。

入明以后，白鹿洞书院在正统间修复，后又经多次大修、增建，规模较前代有所拓展。成化三年（1467年），督学李岭扩建书院，置学田、祀器、书籍。正德十五年（1520年），巡按唐龙在兵燹之后，寻访书籍，清理田亩。嘉靖四十三年（1564年），分守南九道参议冯谦重修书院，清洞田，置书籍。据记载，正德间，白鹿洞书院藏书分经、史、子、集四部，经部11部，史部31部，子部25部，集部11部，内多残佚；嘉靖后期，白鹿洞书院藏书有经部49部，史部29部，子部65部，集部34部，共177部；万历中期，藏书有圣制7部，经部35部，史部40部，子集112部，共194部；天启初，藏书共191部，未分经史子集。由此可见，白鹿洞书院在兴复之初，藏书不及百部，到嘉靖年间，由于讲学风气日盛，书院进入鼎盛时期，藏书量成倍增加。万历七年（1579年），张居正废天下书院，白鹿洞书院停办，藏书多有散佚。万历中期以后之图书多为新置图书，数量较前稍增。白鹿洞书院藏书，多由田租购置，部分由地方官吏、洞主捐赠。如理学家王阳明，提学胡汝霖、郑廷鸿、王宗沐，巡按徐绅，知府张纯，洞主吴国伦、陈汝简、李资元等，都为白鹿洞书院购赠或捐赠过图书。值得注意的是，白鹿洞书院还有曝书和整修图书的制度，十分注重图书保护。"修整书籍，每五年一大修，三年一小修。南康府呈委主洞教官，慎选博识谨笃洞生四名，查理损坏书籍若干本，动支洞租，招募书匠逐一修整"。

清代鳌峰书院藏书

鳌峰书院在福建福州，于康熙四十六年（1707年）改建尼庵而成，是清代福建四大书院之一。书院在本省招收优秀学子入学，提供食宿。每月初或月半讲学，由山长主持，多讨论理学。后来讲学以八股文和试帖诗为主。山长为当时有名的学者，如林枝春、孟超然等，学生中有林则徐、蔡世远等。书院规模较大，有书舍120间，后来规模又有所扩大。院中的鉴亭上有康熙的御笔题字"澜清学海"。书院有大量

鳌峰书院遗址

的官银和学田，每年收取租谷和现银以供使用。院中有藏书楼，藏有御赐的各种法帖，如《淳化阁帖》《渊鉴斋法帖》等，以及御撰《古文渊鉴》、御批《资治通鉴》、钦定《佩文韵府》《十三经注疏》等，还有数量可观的经史子集书籍。据记载，书院在康熙年间接受巡抚张伯行置古今经籍460余种，凡数万卷。嘉庆年间，院藏图书863部，计22 879卷，其中经部274部，4175卷；史部62部，6942卷；子部182部，4153卷；集部219部，5666卷。道光年间，续增藏书106种，6850卷。

清代龙门书院藏书

龙门书院，同治四年（1865年）苏松太兵备道丁日昌创办。书院建立之初，藏书166种，皆传统典籍。院长孙锵鸣在任时，受国外留学12年的姚文栋的鼓动，开始购置科学、哲学、教育、政治等新书。至光绪年间，书院藏书337种，其中110种为"新学""西学"之书。

大量收藏日文图书（即所谓"东文书籍"）是龙门书院藏书的特色。这些书籍包括《实地测量》（正、续、补三编）《最新植物学教科书》《初等几何平面教科书》《初等几何立体教科书》《微分积分学》《女子理科矿物及化学》《手工教授指针》《中等图学解说》《中等图学图说》《动物新论》《近世物理学教科书》《中学博物示教》《地学概论》《土木入门》《世界读史地图附略说》《单式复式教授法》《教育制度》《小学校管理法及教育法令》《官令新报》《现行法典全书》等25种，较全面地反映了日本近代学校教育之政策法

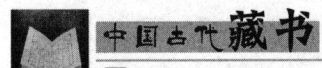

龙门书院

规、各学科教科书、教学法等，对当时中国书院及中国教育的近代化无疑起了积极的影响。

清代箴言书院藏书

箴言书院位于湖南益阳城南40里的瑶华山，创始人胡林翼，"以公考官詹公（胡达源）有书训士者曰《弟子箴言》，因取'箴言'二字名之"。书院于咸丰十年（1860年）奠基，同治二年（1863年）落成，至光绪末年停办，前后兴学凡40余年，曾国藩、左宗棠、彭玉麟、李希庵等曾为书院捐资或撰写记铭。

箴言书院十分重视藏书建设。在先圣祠旁设有书楼存古今图书。《箴言书院志》中有"典籍"一项，专载藏书目录。据统计，书院藏有经部书409部，6339卷，又有重本35部，709卷，另外还有《汉魏遗书抄》73种，不计卷数；史部书219部，12120卷，又有重本书10部，4200卷，另还有《濂访治谱》3种，不计卷数；子部书177部，5931卷，又有重本13部，115卷，另有《船山遗书》5种，不计卷数；集部书197部，6729卷，另有重本1部1卷；四部之外，还有秦汉以来的碑刻拓本193种，另有唐《国子学石刻十二

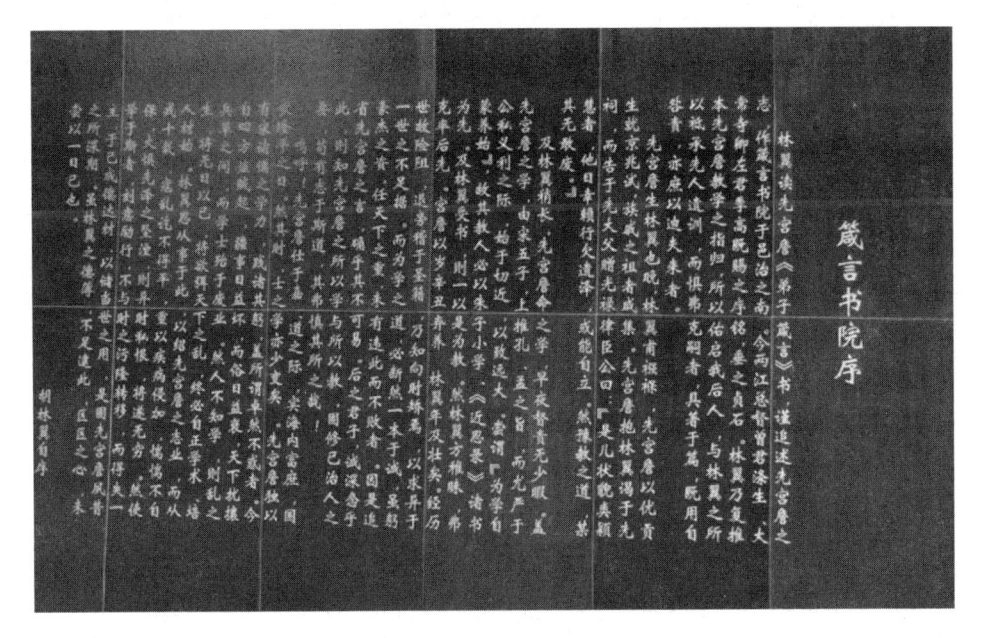

胡林翼《箴言书院记》

经》110卷，及后世补刻《孟子》7卷。总计藏有图籍1335部（种），凡36151卷，其中还有247种图书不计卷数。箴言书院藏书之富，冠甲湖南，即使在全国书院中也是罕见的。据记载，声名远播、号称"天下四大书院"之一的岳麓书院，其藏书的最高纪录是14130卷（同治年间）；湖南省的另一著名书院——城南书院，其最高藏书纪录是403部，3714本，总计10555卷（道光初年）。如果两者合并，总藏书量也只有箴言书院的2/3稍多。

箴言书院的藏书，从内容上看，兼收并蓄，种类齐全，不仅涵盖经、史、子、集四部，而且照顾到各个学派，汉学、宋学、经济之学、词章之学，此胡林翼概括的天下四学，其经典著作，书院均作为重点收藏；从版本角度看，有大量的宋元图籍的翻刻本，有明版书34部，清代初刻本更多，其中不少可称善本，有较高的价值；从文献类型看，集图、表、拓本、印籍于一楼，为历代书院所少有。特别是碑刻拓本，藏量惊人，有200种之多，乃箴言藏书的一大特色。这批拓本上起秦李斯的《峄山刻石》，下迄清人孔继涑的《玉虹楼帖》，篆、隶、魏、楷、行、草齐全，串联起了一部中国书法艺术发展史。当然，拓本内容也是学术研究不可忽视的重要佐证。另外，书院还很重视地方文献的收藏,开风气之先,这在图书馆事业发展史上是应该予以肯定的。

箴言书院的藏书管理也值得称道,书院专设"掌管"一职,负责图书采购;设"司书"一职,负责图书管理;设"监院"一职,负责全面管理藏书楼,此三职类似于当今图书馆的采购员、管理员和馆长,人事组织比较合理。书院采购图书重视质量,注意辨别"何者为优,何者为劣"。图书管理制度严格,整理编目、借阅流通、曝书补书,工作环环相扣,一丝不苟,手续齐全,必要时还对外开放。总之,箴言书院的藏书楼在某种程度上已经算是现代图书馆的萌芽了。

清代广雅书院藏书

广雅书院,光绪十三年(1887年),两广总督张之洞创建于广州。光绪二十八年(1902年),书院改为高等学堂。

广雅书院藏书楼之所以称为"冠冕楼",乃张之洞据杜甫《送翰林张司马南海勒碑》诗句"冠冕通南极,文章落上台"得名。楼有张之洞所题大匾一方,下有长联,为吴大澂手篆。四角有铜钟,声响传邻里。冠冕楼建筑十分坚固,楼有合抱柱16根,俱为昆甸质,地下土隅大青砖,四周墙界内藏二尺四寸横石数十重,可称得上是"巍而峻,恢而宏",藏书可达十万卷。

书院藏书分三部分:书院自置、广雅书局发存、总督府拨存原康有为万木草堂藏书,合计5万余册。自置书分经、史、子、集、杂著、丛书六类,其中经,475部,6070册;史,650部,10631册;子,251部,2683册;集,941部,8877册;杂著,116部,1251册;丛书,231部,14043册。自置书总计2664部,43555册。广雅书局发存2000余册。万木草堂藏书5000余册。此外,书院还藏有一部分日文书籍,如日本国原刻本《佚存丛书》1部、日本天游园刊本《贞观政要》10卷、日本白莲社刊本《一切经音义》100卷、日本翻刻本《钦定西清古鉴》40卷等,体现了书院

广雅书院旧照

藏书的开放性。

光绪十五年（1889年），张之洞制《广雅书院学规》，设掌书生二人经营"冠冕楼"书籍，并规定了一些借阅细则。光绪二十七年（1901年），书院编制并刊行了《广雅书院藏书目录》。此目录为书院前后两任院长朱一新、廖廷相合力而作而成。书分7卷，仿《四库全书总目》而有变通，经、史、子、集四部之首"冠以御制、敕撰诸书"；"一人所撰而兼涉各部者，别出杂著；合众人所撰而成一部者，别出丛书"。书名之下，录有卷数、作者、出版者及院藏数量。著录2706部，共45045册。其部类清楚，检索方便。书首附拨存于书院的万木草堂藏书目录，内有西学及时务书籍。书后附广雅书局发存目录。

宣统年间，省吏就广雅书局之址开设图书馆，分广雅书院"冠冕楼"藏书之半，以实该馆，是为广雅藏书变动之始。到1914年，"冠冕楼"楼角震裂，又被白蚁蚀去偏东一角。后墙有倾颓之势，于是拆楼改为校园，移书于"濂溪先生祠"。至1936年"冠冕楼"重建，其结构已变。

清代格致书院藏书

同治十三年（1874年），由英国驻沪领事麦华陀提议，徐寿、英国传教士傅兰雅等发起，禀准南北洋大臣，邀集中西绅商、官员在上海捐建以"令中国人明晓西洋各种学问与工艺"为宗旨的格致学院，1914年停办。上海格致书院是近代第一所研究和传播西方近代科技的新型书院。

书院早在创办之初，就非常注意藏书建设。徐寿拟《格致书院章程六条》中专设一条描述书院的藏书："院中陈列旧译泰西格致书，各种史志，上海制造局新译诸书，各处旧有及续印新报，西国文字，各种格致机器新旧之书，格致机器新报，机器新式图形，以及天球地球各种机器小样，天文仪器，化学各器，格致入门各器，五金矿石各样。又备中国经史子集，以期考古证今，开心益智，广见博闻。"由此可见，书院虽备中国古代典籍，但更重视科技书刊的收集。

光绪二十七年（1901年），傅兰雅与美国人潘慎文建书院藏书楼。藏书楼上下两层，楼上藏书，楼下藏报刊。其《藏书楼观书约》第八条规定，"凡各报章，择有益于学界者，无论日报、月报、教报，概照观书约例，在楼下

傅兰雅

阅看，楼上不备"，此为书报分藏，开辟报刊阅览室之始。楼上藏书收中外各种新旧图书（但不收传教书籍），分为经、史、子、集、丛书、东西学书目六类。其中，东西学书目类有书籍报刊400余种，大多为江南制造局译出的科技书籍，数量多于其他五类，这种情况在当时是很少见的。藏书楼编有《上海格致书院藏书楼书目》，光绪三十三年（1907年）刊印，可惜现已失考。据《清史稿艺文志补编》载，书目共6卷，书目前列有《藏书楼观书约》，凡10条，多为借阅细则，涉及阅览手续、阅览室纪律，阅览时间等。

民国四年（1915年），书藏迁址。后不慎失火，仅余残书4340册，于民国二十一年（1932年）归入上海市立图书馆。

知识链接

"坐拥百城"

典出《北史》卷三十三《李孝伯传》："（李）谧字永和，少好学，周览百氏。初师事小学博士孔瑶，数年后，瑶还就谧请业。同门生为之语曰：'青成蓝，蓝谢青，师何常，在明经。'……公府二辟，并不就，唯以琴书为业，有绝世之心……每曰：'丈夫拥书万卷，何假南面百城。"拥书万卷指藏书众多，南面指地位的崇高，百城指土地的广大。意为，我已拥有了众多的藏书，即使用尊荣富有的王位和我交换，我也不干。

第四章

寺观山寿书也寿——寺观藏书

　　寺观藏书是我国古代四大藏书类型之一，随着宗教的兴衰而兴衰。寺观藏书在一千多年的发展历程中，受到政治、经济、文化等各方面因素影响，特别是受到统治集团的喜恶影响，倡则兴，反之则衰。寺观藏书的整理成就较大，在目录学上的成就尤为突出。寺观藏书保存了大量的文化典籍，发展了古代的教育事业，促进了各民族的融合与中外文化的交流。古代寺观藏书主要分为佛教寺院藏书和道教宫观藏书两种。藏书史上分别称为"佛藏"和"道藏"。

第一节
佛道异流同观书——寺观藏书概述

佛教寺院藏书

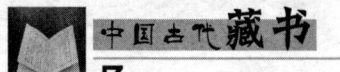

中国古代佛教寺院藏书是在汉传佛教寺院的建立和译经活动的兴起中初露端倪的。随着佛教影响的逐渐深入与传播面的扩大，佛教典籍也获得了广泛的流传。佛教寺院的藏书在历朝历代僧俗官民的共同努力下逐渐丰富和完整，形成了以大藏为中心的独具特色的寺院藏书体系，并与官府藏书、书院藏书和私家藏书构成了中国古代藏书的四大主体。中国古代佛教寺院藏书在中国古代藏书史、翻译史、印刷史以及教育史、学术思想史、中外交通史、文化交流史中占有重要地位。

1. 寺院藏书的产生及历史沿革

中国古代佛教寺院藏书，是伴随着汉传佛教寺院的兴建与译经活动的开展而开始的，并在僧俗及其他信仰者功德心理的促进下逐步发展，最终形成了独特的寺院藏书体系。

佛教经书，是备受佛教僧侣及其他信徒崇敬和顶礼膜拜的，是佛教法宝的具体表现形态之，每一个修行者必须随身携带，时时诵读。大乘佛教经典《梵网经》与《菩萨戒经》中均有类似规定，即使是菩萨，在修头陀行阶段和游方天下时，也应以包括经书在内的十八物随身。这十八种物品大致可以分成两类，一类是生活用具，另一类为修行用品，经书、戒律、佛像、菩萨像则是其中最重要的，须臾不可离身。一个僧人一生不可能只读一部经，但随身也不可能携带很多经书，暂时不读的经书只能放置于自己的修行之所——寺院之中。

在汉传佛教中，寺院的建立基本上与佛教传入中国在同一时期。汉传佛教僧人奉行的是集体修行，于是寺院成了僧人生活、修行和进行其他佛教活动的集中场所。僧人对寺院的依赖性非常强，寺院的修行功能远远大于生活功能。从中国古代最早的寺院白马寺建立的初衷与实际功用来看，恰恰证明了此点。当时建立白马寺是为西域来华僧人提供一个居住、生活之所，同时，更重要的也是为他们提供一个诵经、修行、做法事以及翻译佛经的专门场所。出于以上需要，佛教寺院自然积累了一批藏书。此外，为了使所译之经合乎中国人的语言习惯并为中国士子所接受，译经者还要了解、研究中国语言、文化以及民族心理与价值观念等，因此，译经还需要准备一些参考书，僧人们必须加以诠释、注解和疏理。为了使国人接受并皈依佛教，僧人们又必须编写一些佛史和僧史之类的介绍佛教的宣传著作。这样，又形成了一些新的佛教文献，使得寺院藏书不断得到充实和发展，最终成为不可忽视的、独立的藏书系统。

中国古代佛教寺院藏书之所以能够得到较快发展，并迅速体系化，是与僧俗两界译经、写经以及后世的各类刻经、藏经的宗教热情分不开的，而持久支撑这种宗教热情的最根本的动力则是功德心理。写经造藏所获功德居然大到能够成佛，这不能不令人心动，也就自然成为中国佛教信众宗教生活的一件大事。在这种功德心理支配下的历代写经、刻经行为，可以说是中国古代佛教寺院藏书产生与发展的根本动力。一部中国佛教史，相当大的一部分内容是历朝历代信众虔心搜集、翻译、整理、传写、刊刻佛经与大藏的历史。正是由于历代僧众的不懈努力，使得各种形态的佛经与大藏得以存在和发展，也才使得佛教寺院藏书得以产生和完善，并且还出现了石经以及轮藏等寺院藏书的特殊形态。

佛教创始人释迦摩尼塑像

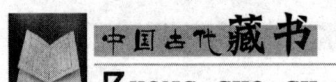

2. 寺院藏书的主体及藏书类型

在寺院藏书中占主导地位的佛教图书，通常被人们认为仅是经、律、论三类。其实，寺院所藏佛教图书的类型也是多种多样的。

(1) 大藏。也称正藏、一切经，是隋唐之后寺院藏书的主体。理论上是一切佛教典籍的总汇，但在实际操作上却存在着很大分歧。从大藏发展史来看，传世的大藏经大致可分为两个版本类型：一为手写大藏，二为雕版大藏。

(2) 大藏之外的单本译经。这类单本译经理应收入大藏，但由于各种原因，仍然有一些新译或流传较少的版本未能收入，只能以单本形式流传和被各寺院收藏。这些大藏之外的单本译经如今在敦煌遗书中和内地部分寺院尚能见到一些。而中国僧人传世的撰著，大致有如下几类：经律论疏部、法苑法集部、诸宗部、史传部、礼忏赞颂部、感应兴敬部、目录音义部、释氏杂文部等，其中尤以各种疏释数量最多，为我们今天研究中国佛教史和佛教寺院藏书史提供了丰富的史料。

(3) 疑伪经。按照佛教理论，凡属"经"都必须出自佛门，如非佛口授而又妄称为"经"的，一概属于伪经，应该予以摒弃。为了保持佛教信仰的纯洁，正本清源，中国古代佛教界十分重视经典的真伪之辨，并且形成了一整套行之有效的辨伪方法，这种鉴定的结果在六朝至隋唐的佛教目录中比比皆是。对于那些一时无法确定其真伪的经典，则一般称之为"疑经"，置于大藏之外待考。疑伪经之所以会被寺院收藏，主要是由于历代普通僧人佛教学识不高，对疑伪经无法准确鉴别，而又对佛经盲目崇拜所致。

(4) 宣讲教义的通俗文本。这是一类向下层僧人和普通信众，尤其是文化水平较低和佛缘不深的信徒，宣讲佛教教义以启导正信的通俗说唱文学作品，主要根据某段佛教的教义演化而成，大致有讲经文、讲因缘文、讲变文三大类。此外，如押座文、解座文等也属此类。这类作品通常不为佛教高僧所看重，但在下层信众中却有很大影响，对后世民间宗教、民间文学和民间艺术都有很大影响。

(5) 寺院活动的一般文书。这部分文书大致可以分成几类：一是寺院宗教活动文书，如礼忏文、羯摩文、授戒文等；二是寺院历史记载文书，如始建、增建、修建寺院的各类陈文，高僧事迹记载，政府颁赏的文书等；三是有关寺院藏书的经典目录，如存于敦煌文书中的藏经录、勘经录、流通录、转经录、乞经录、配补录、写经录等；四是寺院经济文书，如寺院的各种买卖、典押、雇工、借贷、租赁契约、清便契、便物历等，还有一些虽然不关本寺院的经济活动，但可能有寺僧参与其中，如作为借方、贷方、中人等而留下的经济文书。

（6）其他民族文字的佛教典籍。早期因为译经需要，部分域外的佛教原典开始流入中国，其中或由西域僧人带来，或由中国僧人西行求法所得。唐朝以后，随着中国版图的扩大，各民族文化交流的增加以及佛教信仰的普及，各种文字的佛经相继出现。除了极少数民族地区如西藏、辽、西夏、蒙古等地寺院使用藏文、契丹文、西夏文、蒙文佛教典籍之外，在少数民族杂居的地区，各种文本的佛经也均能见到，如敦煌遗书中就有吐蕃文、于阗文、粟特文、回鹘文、梵文、突厥文、龟兹文等西域民族文字的佛经。到了清代，政府还专门将佛经译成满文，称国文大藏经，颁赐各地寺院。

3. 寺院藏书的来源

寺院所藏佛教图书的来源相对比较简单，大致有自译、自著、自抄、自刻、购买、请赠、配补、信徒施经、政府颁赐等。寺院藏书体系的逐渐完善主要得益于历代僧人们在功德心理支配下的认真负责精神。

4. 寺院所藏的非佛教图书

在佛教寺院藏书中，平素不为僧众所重视，但却值得研究的，还有一些非佛教图书。这部分图书虽然所占比重不大，但在中国古代藏书史上却具有比较特殊的意义。寺院藏书中的非佛教图书，除经、史、子、集四部典籍外，还有医书、志书、阴阳、法书、蒙学著作、通俗读物、道教等其他宗教图书，僧人自著的诗文等非佛教著述，普通经济文书，年谱，家谱等。

5. 寺院藏书对古代文明的贡献

中国古代佛教寺院藏书在一千多年的发展演进过程中逐渐形成了一个以大藏为中心的完整藏书体系，从京师要邑的全面收藏，到名山大刹的特色收藏，再到大江南北的零散古寺藏书，寺院藏书随寺院的分布而散布于全国各地，与中华固有文明不断地交流，其流传、影响以及在中国文化史上的地位十分重要，对中国古代文明的贡献也是非凡而巨大的。归纳起来主要有如下几个方面：

（1）保存了大量的传统文化典籍。

（2）整理和编目，丰富了中国古代目录学的内容。

（3）大规模的写经与刻经，加速了纸写本典籍的流行，推进了雕版印刷术的传播。

（4）丰富了古代藏书的版本类型，加快了书籍制度的演变。

（5）带动了中国古代翻译事业的发展。

（6）推动了佛教教育的发展。

（7）促进了古代中外文化的交流。

道教宫观藏书

道教藏书，也称宫观藏书，主要为道家生活、修行场所中所收藏的本宗教的典籍。道教藏书的规模化、体系化大约出现于两晋时期，最终形成于隋唐时期，与佛教藏书大致同步，而略晚一些。

道教宫观藏书与佛教寺院藏书的内容构成大致相仿，在道教宫观藏书中，并不完全为道教典籍，也有一部分非道教的图书。

道教宫观藏书的收藏方式比较有特色的是天宫道藏和转轮道藏。天宫藏从名称上大约可以认定为道教所创，后来一度影响佛教。转轮藏最初为佛教创立，后被道教采用，宋徽宗时"政和万寿道藏"开始雕刻的起因，即是福州知州黄裳提出建飞天法轮藏（即转轮藏）以度天下道书。宋代道观中建有安置转轮藏的转轮殿，今可考者有玉隆万寿宫，登封县西京崇福宫和龙虎山道观。据《龙虎山志》记载，转轮藏的规格为："藏以木为柜，置藏室中，高若干尺，内广围径若干尺，觚其隅，为八面，面为方格，依次盛经之函，刻木为天人、神仙、地灵、水官、飞龙、鸾凤之属，附丽其上，皆涂以金。中立巨木贯之，下施轮令其关以旋转，言象天运焉。"由此可见道教宫观藏书区别于其他藏书的"道藏"特点。

第二节
古寺名观书同文——历代著名寺观藏书

庐山东林寺藏书

庐山东林寺原为江州刺史桓伊为道安高徒慧远所建。公元378年，前秦大军压境，道安因为东晋守将朱序所拘，无法离开，为保留佛种，就将弟子分遣四方，慧远奉命东下，辗转来到庐山，先居西林寺，东林寺建成后，迁居于此，修行、传教、著述，直至去世。慧远是东晋后期南方佛教界最有影响的人物，以他为首，在庐山形成了一个影响广泛的僧团，其核心思想是努力把佛教、中国封建王权和传统思想文化协调起来，以使佛教在封建上层建筑中成为一种相对独立的精神力量。

在这种尝试中，慧远秉承道安传统，在东林寺收藏了大量的佛教典籍与教外图书。有关慧远时期东林寺具体藏书数目不详，但从两个旁证可以看出当时藏书之盛：一是东林寺藏经曾编有《庐山录》一卷，由于此目早佚，已无从考察当时藏书盛况，然东林寺确有藏经且达一定数量则是毋庸置疑的；二是慧远弟子释道流曾依据东林寺藏经编有《魏世经录目》《吴世经录目》《晋世杂录》《河西经录目》等四部目录，目录未成而因病去世，四部目录便由同学竺道祖补编而成。可见东林寺内必有大量藏经。此外，据《南史》卷七十

庐山东林寺大雄宝殿

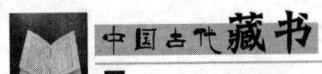

六称,刘慧斐上篆隶,曾在庐山手写佛经二千余卷,这部分手写佛经似归东林寺所藏。由此亦可证东林寺藏书之丰。

京师西明寺藏书

在唐代的所有寺院藏经中,最著名的当推西明寺。西明寺,建成于高宗显庆三年(658年),是高宗为孝敬太子病愈而立,有10院,4000余间房屋。寺院建成后,玄奘曾于此处译经,高宗也曾下令在此御造大藏,这部大藏的特点是大量收录了中国僧人的著作。这部大藏非常有名,在许多文献中都有过记载,著名高僧道宣还为它编过目录,史称《西明寺录》。后来道宣又根据这部经藏编成了一部著名的佛教目录——《大唐内典录》。西明寺这部大藏收录经书的数目,因《西明寺录》的亡佚,已不可详考,但从相关记载,我们还是可以推出大致情况。根据西明寺大藏编成的《大唐内典录》中卷八"历代众经见入藏录"的记载,由于记录了每部经书征收藏中的排架位置,因此可以认为是反映西明寺经藏的。这部入藏录共收录大小乘经律论及贤圣集传共800部,3361卷,56170纸,合装326帙,然这并不是西明寺大藏的全部,因为《大唐内典录》的这一部分没有收录中国僧人的撰著,而据时人记载,当时的中国僧人撰著有3000余卷,西明寺是唐朝政府扶持的重要藏经处所,理应大量收藏。由此可见,西明寺大藏的数目总在五六千卷左右,然这仅是西明寺大藏的大致数目,而绝非西明寺整个藏经的全部,因为西明寺藏经中理应还有大量未收入藏的经书复本和中外求法与传法高僧带来的原文佛经。西明寺丰富的藏经,还为当时佛教学术的发展做出了积极贡献。许多僧人,包括高僧大德们,利用西明寺藏经进行了翻译、著述等活动,成果卓著。西明寺藏经直至武宗会昌废佛后仍然存在,这大约是因西明寺属于长安特许留存的四座寺院之一,留寺必留经。这从会昌废佛之后的一些记载中也可看出。西明寺所藏经书的毁灭,估计是在唐末黄巢义军攻入长安之后。

杭州灵隐寺藏书

灵隐寺,又名云林寺,位于浙江省杭州市西湖西北面,在飞来峰与北高峰之间灵隐山麓中，两峰挟峙，林木耸秀，深山古寺，云烟万状，是一处古迹丰富、景色宜人的游览胜地，也是江南著名古刹之一。它创建于东晋咸和元年（326年），至今已有1600余年的历史，为杭州最早的名刹。

　　灵隐寺历代富有藏经。嘉庆十三年至十四年（1808—1809年），参与灵隐书藏的杭州紫阳书院山长石琢堂曾会同灵隐寺住持若水、品莲，整理灵隐寺藏经，他发现灵隐寺藏经因历代管理不善损失不少，于是发愿恢复藏经旧观。当时会一法师正在嘉兴楞严寺修治经版。石琢堂与之商量，集大藏经论1655种，装成1438册，再加上外论疏语录之类中华撰著150种，装成456册，合计1894册，分贮两柜，藏于灵隐寺莲镫阁上，灵隐寺经藏遂恢复旧观。

　　灵隐书藏略早于焦山书藏，创议者为翁方纲，主事者为阮元。嘉庆十四年（1809年），阮元任浙江巡抚时，仲春十九日，与顾星桥、陈村堂、石琢堂、郭频伽等同游灵隐寺。有人提及翁方纲欲藏《复初斋集》于灵隐的旧事，引起了大家兴趣。征得寺院同意后，于灵隐寺大悲佛阁后造木橱，按唐人宋之问《灵隐寺》一诗中的文字编号，一字一橱，选定寺僧玉峰、偶然二人负责登记造册，掌管书橱钥匙，并订出"灵隐书藏条例"，大致为：（1）送书

杭州灵隐寺

入藏者，寺僧给一收到字票；（2）书不分部，唯以次第分号，收满一字号橱，再进下一字号橱；（3）每本书的封面与第一页加盖藏书印；（4）每书或写书名，或挂绵纸签，以便查验；（5）守藏僧二人，由盐运司月给香灯钱六两，送书来的人，如给钱则收下，作为日后修书增橱用，不给勿索；（6）藏书不准外借，烟灯不许近楼，寺僧有鬻借霉乱者，外人有携窃涂损者，一律追究责任；（7）每种书按经史子集分类；（8）守藏僧如出缺，由方丈秉公择明，遣知文字之僧补之；（9）书橱编号依宋之问《灵隐寺》一诗文字顺序。由于阮元不久即离任，灵隐书藏最终规模乏人记载，不知如何。这批藏书毁于太平天国战火。

知识链接

宋之问《灵隐寺》

鹫岭郁岧峣，龙宫锁寂寥。
楼观沧海日，门对浙江潮。
桂子月中落，天香云外飘。
扪萝登塔远，刳木取泉遥。
霜薄花更发，冰轻叶未凋。
夙龄尚遐异，搜对涤烦嚣。
待入天台路，看余度石桥。

镇江焦山寺藏书

嘉庆十八年（1813年），阮元改任漕运总督。一日，阮元与焦山寺僧借庵、诗人王柳村游焦山时，又论及书藏事，决定在焦山仿灵隐书藏例，建焦山书藏。第二年，他命江都观察丁淮等人在焦山西麓海西庵内建楼五楹作藏书之所，命名为"焦山书藏"。规式仿照灵隐书藏成例，也作"焦山书藏条例"，所不同的有两点：一是香灯银增为

镇江焦山寺

十两；二是书橱顺序字号改用《瘗鹤铭》，先用前35字，如满了，再用后42字。为给焦山书藏增色，阮元率先精选自藏图书206种，1400余册捐出，在他的影响下，各方名贤纷纷响应，捐赠不断。焦山书藏藏书最多时达3570种，4002部，59747卷，21470册，蔚为大观。焦山书藏建立之后，曾由山僧编成《焦山书藏目录》12卷，以捐书先后为序。1929年，《江苏通志》编辑委员会在焦山设立"焦山书藏委员会"，镇江耆旧张东山受聘编制目录，未成而卒，后由其子张祖言继其事，1934年完成《焦山书藏书目》六卷，分经、史、子、集、志、丛六编，著录藏书1834种，2041部，34447卷，12122册。1937年，日军攻占镇江，焦山书藏被抢掠、焚烧一空，令人痛心不已。

天台山桐柏宫藏书

桐柏宫是中国南方著名的道观之一，位于浙江省著名的旅游胜地天台山。桐柏宫自古就号称是道教南宗的最早中心和圣地。传为江南吴越国王钱俶所建。

早在东汉时，著名的道教人物葛玄就在这里创立了道教"葛真君天台派"。到西晋时，魏华存夫人来到天台山修道，被后世尊为上清派第一代祖师。后来，又有宋朝人，出生于本地的张伯端创立紫阳派，后世尊他为道教

天台山桐柏宫

南宗的始祖。

在桐柏宫鼎盛之时，天台山形成了以它为中心的大型道教建筑群，包括36宫、72观，以及108座主要宫观坛台，另外还有其他道教修行场所不计其数。附近的赤城山玉京洞被称为道教"十大洞天"之六，平桥镇是"南五祖"紫阳真人张伯端的出生地，桐柏宫则是张真人的道场。张伯端对道教的发展做出了巨大贡献，他最杰出的著作《悟真篇》，不仅是全真派道士的内丹经典，也是当今全世界气功界所尊崇的修行宝典。

天台山桐柏宫收藏道经200函，没被焚毁。桐柏宫道士对这些道经妥加保管，装潢华丽，并请名士为藏经宫观撰文纪事。然而，宋代金允中却在《上清灵宝大法》卷二十四中说，五代之末的钱俶偏安一隅，以行政命令的手段限期招集境内道书，拘集道童及僧寺行者胡乱抄录成200函《道藏》，"故其间颠倒错谬，不可胜纪。有脱字漏句，全不可读；有言辞鄙俚，昭然伪撰者。于今几三百年，更数世之后，不知始末，谓是道典果有此等经文。高识之士，自能剖决是非。浅学之人，执为正典，或取而引用，可乎？"可见，忠懿王钱俶虽欲保存道经，然因无学识，反而给后世"道藏"中引入一些错谬不堪的经文。

第五章

千秋仰止宫墙近——古代私家藏书

中国私家藏书的历史比官府藏书和公共藏书的历史要稍迟，学术界一般将其追溯到春秋战国时期，因为当时民间已出现了私人收藏法家、兵家等著作的现象，而老子和孔子就是我国古代最早的私人藏书家。

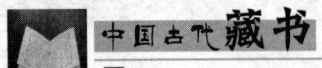

第一节
百代渊源俎豆馨——私家藏书概述

私家藏书的历史沿革

秦汉时期,私家藏书事业有了一定程度的发展,如汉代出现了像西汉河间献王和东汉蔡邕这样收藏颇富的藏书大家。

魏晋南北朝时期,由于书籍的制作基本由简牍和缣帛过渡到价廉质轻的纸抄本,故此,私家藏书事业有了飞速的发展,藏书家群体的构成和私家藏书的风尚也为之一变:藏书已非贵族高官的专利,普通人家也出现了藏书的现象。于是,这一时期,无论是藏书家的人数,还是私家藏书的数量,都比汉代大有增加,并出现了萧绎这样拥书八万卷之巨的大藏书家。在此背景下,专门用以藏书的书室、藏书楼以及中国私家藏书史上最早的藏书目录也出现了。魏晋的私家藏书在藏用结合、推动学术研究和文化发展上也取得了明显的成效。最重要的是,这一时期出现的以抄书和贩书为生的专业人员,对私家藏书的发展有着重大的影响。"佣书"和"书贩"作为一种职业的出现,无疑使图书的积聚更为方便,从而大大加速了私家藏书的发展。

隋唐五代时期是中国古代私家藏书事业的迅速发展期,不仅藏书家的数量远非秦汉时期可比,而且其藏书的数量和质量都远在秦汉之上。此外,当时的藏书家还有许多创造,例如:唐代藏书家颜师古,在收藏书籍外,还收藏古书画、古器物、书帖等,从而扩大了私家藏书收藏的范围;五代青州藏书家王师范,聚书数千卷,请杨彦询掌管,这是藏书史上聘请专职人员管理藏书的最早记载;五代藏书家和凝,有集百卷,且自篆上版,模印数百部,分送友朋,首开藏书家自刻文集之风。这些都对后世私家藏书事业的发展产

第五章 千秋仰止宫墙近——古代私家藏书

生了极其深远的影响。

宋元时期是中国古代私家藏书事业的繁荣期。这一时期的私家藏书有以下几个特征：一是藏书风气非常兴盛，藏书活动从北到南延续不断，藏书家、藏书世家大量涌现，并由贵族官僚向平民阶层发展；二是藏书规模大，在宋代五百余名藏书家中，藏书量在万卷以上的就近 400 人，占 80% 左右；三是随着中国古代经济重心在南方的确立，南方的文化有了很大的发展，私家藏书事业也超过了北方，并由此奠定了其后近千年南方私家藏书的发达局面；四是私家藏书目录的编制取得了一系列的突破，如晁公武的《郡斋读书志》首开题要之例，陈振孙的《直斋书录解题》首创解题一体，尤袤的《遂初堂书目》独擅版本记载，而郑樵的《校雠略》更是开创了对藏书目录学的研究工作。凡此种种，一扫此前官府藏书一统天下的沉闷局面，极大地改变了私家藏书系统长期以来只有藏书而无学术的现象。由此发端，后世私家藏书编目渐渐形成制度，书目成果多若繁星，官、私藏书目录由此形成并驾齐驱的格局。

明代私家藏书达到了空前兴盛的地步。以藏书家人数而言，其远远超过以前的任何一代，仅叶昌炽《藏书纪事诗》一书就记载有 427 人（不含以藏书著称的藩王）。而据现代学者的统计，明代藏书家更是多达 700 余人。我们只要略举当时著名的私家藏书楼如宋濂青萝山房、叶盛菉竹堂、王世贞小西

清孙退谷著《庚子消夏记》

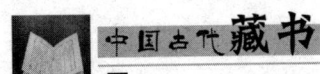

馆、项元汴天籁阁、范钦天一阁、赵琦美脉望馆、祁承㸁澹生堂、钱谦益绛云楼等，便可想见当时私家藏书之盛况。值得一提的是，明代一些著名藏书家还根据他们的实践经验，总结出一套系统的鉴别古书的经验和庋藏、编目等方面的藏书理论，从而极大地丰富了中国古代藏书文化的内涵。其中，山阴藏书家祁承㸁及其《澹生堂藏书约》功不可没。

清代是我国私家藏书发展的最高峰时期。它承继明代遗风，讲求宋元旧刻、明版精印及精校抄本，逐步形成了具有地区特色的藏书群体。20世纪初杨守敬在《藏书绝句序》中总结说："其收藏之地，于吴则苏、虞、昆诸剧邑，于浙则嘉、湖、杭、宁、绍诸大郡，大都一出一入，此散彼收，朱玺红坭，灿然罗列。"苏、浙两地是南方藏书家的聚合之处，北京则是北方藏书家的荟萃之地，山东、福建等地也是清代藏书家的集中之地。清代藏书家已有按藏书目的、藏书特色而区分的赏鉴家和校勘家。清代藏书家的数量及其藏书规模均超过任何一代，他们在学术研究、文化发展等方面起到了极其重要的作用。

近代以来，中国私家藏书由盛转衰，其原因有二：一是由于私家藏书赖以发展的基本条件，如经济之支撑、馆舍之建造、藏书之补充等均有所削弱，促使其逐步衰落。二是近代社会新型"图书馆"的出现和文化教育事业的发展，一定程度上加剧了古代私家藏书的衰落；私家藏书的变化，莫过于藏书的散出，是私家藏书无法回避的事实。另外，由于政局的更迭，战争的毁坏，藏书家家道中落，这些都直接导致了私家藏书的衰弱。

私家藏书的特点和主要贡献

私家藏书作为中华藏书的一个重要组成部分，长期担负着公共藏书的部分功能。近代以来，私家藏书又与各类公共图书馆相辅相成，共同推动着中国藏书事业和文化学术的发展，在很多方面都做出了很大贡献，总结起来有如下几点。

1. 收集与保存

藏书家们的收藏，大都是费尽心血、节衣缩食、百般访求甚至弃产典当的结果。有的选购于市场，有的抄录于故家，有的收拾于散失，有的抢救于战火。既收而有之，又留心于保存、整理和留传。世乱转移于僻地，临终叮嘱于子孙。防水、防火、防鼠、防蛀、防盗、防散、修补、曝晒，更是劳心劳力。所以，众多古籍得以流传至今，实乃历代藏书家们的一大功德。

2. 抄录与刊刻

古代图书的传布，主要靠手写抄录，即使有了雕版印刷之后，一些孤本秘籍和未刊稿本仍靠抄录流传。有的藏书家不仅购书、抄书，还亲手校订和刊刻了许多珍本典籍。所以说，古代文献典籍的传承流布，与历代藏书家的参与是分不开的。

3. 整理与校勘

古代典籍在历代流传过程中，或疏于记事的核实，或忽于抄写刊刻之神校，以致时间较长不易保存而全书流失。历代藏书家多善校雠而订正之，辑佚而汇聚之。此外，文献积累日益繁富，使用上则需更有条理，类书丛编于是应运而生，而其编纂者多是历朝历代的著名藏书家。

4. 叙录与题跋

对古籍的最早叙录始于汉代的刘向父子，古书题跋则成熟于宋代的欧阳修、陆游等人。这些著述既是藏书研究的结晶，又是关于古籍的评价和记事，而历代藏书家皆有所为。像晁公武的《郡斋读书志》、黄丕烈的《士礼居藏书题跋记》等，对浩如烟海的古代文献资料做出了有一定参考价值的鉴定，于后学识别藏书、使用藏书起到了启发和指导的作用。

5. 培养人才，繁荣学术

藏书家本人利用自己的收藏进行研究撰述，时至今日，硕果累累。有的还用以教育子女和促进乡学，开明者将藏书广供学子研习，保守者亦借于亲友阅览，总之，都大有利于人才成长和学术研究。

6. 促进了图书馆学和目录学的发展

在古代图书有关收藏、分类、编目、保管、使用等一系列课题方面，私家藏书家们经过长期的实践积累和经验总结，对图书馆学、目录学的理论发展和实践都起到了极大的推动作用。像郑樵的《校雠略》、祁承㸁的《藏书约训》、孙庆增的《藏书纪要》等，都是古代私家藏书里程碑式的撰述。历代私家藏书目录，目前累计已达1000余种，这是中国文献目录学中一笔可贵的遗产。

7. 补益国家藏书，充实公共图书馆典藏

从汉到清，在政权更迭的战乱时期，旧朝的国家藏书无不遭受严重的毁散，新朝国家藏书的重建又无一不是从全国各地的私家藏书中得到大批征献而得以恢复。近现代各类大型图书馆的善本典藏大多是得到大批私家藏书的捐赠、寄存和出售而得以充实的。以北京图书馆来说，最初以购得的归安姚氏、南陵徐氏之书为基础，而后又陆续得到几十家私家藏书的珍本典藏才达到今天的规模。正是私家藏书的基石奠定了现代图书馆的宏伟大厦。由此可见，古代私家藏书与国家公共图书馆事业的发展从来都是密不可分的。

第二节
庋藏检校穷余年——藏书家藏书

藏书家藏书概论

"藏书家"这个专用名词已经使用了千年左右，但几乎没有人对它下过准确的定义。

1. 藏书家的基本条件

一般而言，要符合"藏书家"这一称号，必须具备以下三个基本条件：

第一，必须"多书"，即有超过一般人的收藏。随着时代的发展，历代典籍的不断积累增多，藏书的数量可有不同的要求。比如，汉代以前只要收藏数百卷图书即可称为藏书家；魏至唐代，应达千卷以上；宋至清代，应达数千卷，甚至万卷以上；近现代则应有数千册藏书，甚至万册以上始可视为藏书家。

第二，所收藏图书必具相当的质量。就"藏书家"的内涵而言，数量是前提，而质量是实质，没有足够的高质量的图书文献，就不能有效地从事学术研究。有藏书而缺乏高质量的图书，说明收藏人水平不到家，则无以称"家"。所谓高质量，即所收图书应有相当比例属于历代优秀的基本文化典籍和工具书，或某一方面的系统收藏。

第三，藏家本人应对藏书进行一定程度的整理和应用。图书是记录和传播知识的载体，藏书的目的主要在于学习、掌握和运用，藏而不用，等于无藏，又何谈藏书家呢？藏书的整理，主要是指装订修补、分类编目、著录题跋、曝晒保藏等。嗜书如命的藏书家大都能做到这些。对藏书的应用可以是多方面的，除藏家本人用以学习、研究、著述参考外，还可用以内教本家子女，外供士子研读，这也是藏书使用的另一方式。通常情况下，学者藏书家都是藏书家群体的主体，历史上的众多学者正是利用自己丰富的藏书，才结出了一颗颗丰硕的学术成果。

著名学者藏书家黄宗羲曾说过："藏书非好之与有力者不能。"这就是说，要成为藏书家必须具备两个基本条件：一是必须具备一定的文化素养且爱好书籍，即有嗜书之情，好书之心，求书之愿，这是藏书家的内在修养；二是须有相当的家产和收入，即有购书之力，整书之费，藏书之所，这是藏书家的物质基础，二者缺一不可。因为不同时具备这两个因素，世间多少有钱者并不都是藏书家；反之，又有多少爱书、嗜书的穷困学者，求书而无力，始终也不能成为藏书家，真是莫大憾事。

2. 藏书家的主要类型和特点

明代学者胡应麟曾将藏书家分为好事家、赏鉴家两类；清代学者洪亮吉又将藏书家分为考订家、校雠家、收藏家、赏鉴家、掠贩家五类。除掠贩家可视同书商外，其他各类藏书家均为学者型藏书家。学者型藏书家乃藏书家群体之主体，他们或为工作，或为治学，或为加强自身修养而收藏。他们藏用相得，书适其所，结出了丰硕的学术研究成果。唐代的吴兢，宋代的尤袤，明代的钱谦益、杨士奇，清代的黄丕烈、钱大昕等，都是历代藏书家中的大家典范。至于达官贵宦、中小官吏中的藏书家，实质仍是学者型的藏书家，只不过又多了"钱"和"权"两个因素，增加了收购藏书的条件。宋代的宋濂、清代的阮元等即为儒臣达宦藏书家的代表。

历朝诸王宗室中的藏书家，他们身处有钱有势的阶层，其收藏也十分可观。如宋代宗室荣王赵宗绰藏书达七万卷，可能是北宋藏书最多的一人；朱明宗室诸王中还校刻了不少堪称精良的古籍珍本。

封建时代的一些富裕的乡绅地主，为了教育自家或乡邻的子女而建立了不少家塾和学堂，并充以一定藏书，供其使用，此举对发展地方教育事业起到了一定的促进作用。宋代楚邱的曹诚就是此类藏书家的代表。此外，金融家和工商实业家中的藏书家，是明清以后，特别是近代涌现出来的特殊的一类藏书家，人数虽不多，却大都是藏书大户。

古代少数民族中的藏书家，主要集中在元代的蒙古族和清代的满族，他们对收藏和保存少数民族文字的古籍文献做出了重大的贡献。

僧侣道士中的藏书家，以其身世和社会地位的特点，自然又成为佛经、道藏的整理典守者和传播人。

藏书家群体中，历代都有少数的医生和药物学家，他们对古代医药典籍的收藏、整理和流传都做出了特殊的贡献。

至于书商中的藏书家，大多数是古籍的经营者，虽曾收购大批书籍，但其目的不在自用，而在经销取利，其属性在商。但其中个别的有心者，由经营而增嗜，因年久而学长，精通版本，出口文章，与学者为友，切磋交往，偶有著述，又有个人藏书偏好，已然"商而士者"，自可称为藏书家。宋代的陈思、明代的童珮、清代的陶正祥、近代的孙殿起等人即是因商而藏的藏书家代表人物。

中国历代藏书家人数众多，有文献记载或有藏书传世的不下几千人，其所藏图书更是浩若烟海。

尤袤藏书

尤袤（1127—1194年），字延之，小名盘郎，小字季长，号梁溪、遂初居士，常州无锡（今江苏无锡）人，谥文简。尤袤从小聪颖过人，喜欢读书，只要是自己没读过的书，总要千方百计找来认真研读。尤袤在太学就读时善作词赋，尤其是他的诗写得很好，在当时就很有名气，后来终于成为南宋的著名诗人，同杨万里、范成大、陆游被后人并称为"南宋四家"。他的著作有《遂初小稿》60卷、《内外制》30卷，但都没有传下来，现在我们可以见到的只有清人尤侗辑佚其散作而编成的《梁溪遗稿》2卷。

尤袤一生嗜书，有"尤书橱"之称。他对图书"嗜好既笃，网罗斯备"。凡是他没有读过的书，只要他得知书名，就要想尽办法找来阅读，读后不仅要做笔记，借来的还要抄录收藏。杨万里曾经描述他乐于抄书的情景："延之每退，则闭门谢客，日计手抄若干古书，其子弟亦抄书……其诸女亦抄书。"杨万里还记述一则故事，说他曾将其所著《西归集》《朝天集》赠送给尤袤，尤袤高兴地写诗酬谢："西归累岁却朝天，添得囊中六百篇。垂棘连城三倍价，夜光明月十分圆。"可见尤袤对书的嗜好之情。

江苏无锡惠山（九龙山）下的尤氏私家藏书楼，初名为"依山亭"，原为尤袤的父亲所建，后来尤袤将其改名为"遂初堂"。"遂初"含有"去官隐居，得遂其初愿"之意。综观尤袤的一生，在宦途上一直一帆风顺，但他却取晋名士孙绰《遂初赋》名称以自号，并将自己的藏书楼名为"遂初堂"，看来也颇有自示志存高远，读书为其一生初愿之意。宋光宗赵惇很欣赏他的博学，曾亲自题写"遂初堂"的匾额赐给他。经过尤袤一生的辛勤收集，遂初堂的藏书达到了3200余种。除了购买当时刻印的书籍外，大量地手抄笔录，广交朋友互通有无，也是遂初堂藏书的重要来源。

由于尤袤酷好收集、珍藏书籍，加上他曾担任过国史馆编修、侍读等公职，有机会借阅朝廷三馆秘阁书籍，能够更多地抄录到一些一般人所难以见到的书，因此，他的藏书十分丰富，其中善本、珍本亦很多。他的好友陆游曾在诗中描写他的藏书是"异书名刻堆满屋，欠身欲起遗书围"。尤袤曾把家藏书籍"汇而目之"，编成了《遂初堂书目》1卷，这是我国最早的一部版本目录，对研究我国古籍具有一定的参考价值。《遂初堂书目》把图书分成44类，从这本书目中可看出，尤袤的藏书包括经、史、子、集、稗官小说、释典道教、杂艺、谱录等内容。可惜尤袤的藏书在他死后，因宅第失火，焚之一炬，仅留下《遂初堂书目》一部。

遂初堂藏书多抄本。抄录书籍是遂初堂藏书的一大来源，前后共抄书3000余部，卷数则应在万卷以上。诗人杨万里曾说他抄书勤苦以致"脱腕"

的地步。遂初堂藏书多善本。遂初堂收购的善本书中，仅经尤袤本人做过标注的就有21种，多达47部。

尤袤十分重视收藏史书。他长期官居内廷，深得孝宗、光宗倚重，阅读内廷史料是他的一大专利，因此，遂初堂收藏的史部书非常丰富，为它在四部中收藏量最大的一个类目。仅《遂初堂书目》中著录的史部书就有900余部，比当时皇家书目《崇文总目》和晁公武《郡斋读书志》中著录的史部书还多，而且版本也比较齐全。仅其所藏《汉书》，就有川本、吉州本、越州本、湖州本等四种版本。遂初堂特别重视当代史料的收集，故在它的史部藏书中，单本朝史籍就有280多部，占到全部史部收藏总数的1/3。

他收藏的北宋《国史》，九朝具备，北宋《实录》不仅齐全，而且有多种版本。遂初堂藏书书法类图书丰富。尤袤是个颇具书法功力的书法爱好者，经常与友人杨万里等研究书法，"至夜不倦"。尤袤在《遂初堂书目》中著录的书录、画录就有30余部。

叶盛藏书

叶盛（1420—1474年），字与中，号蜕庵，江苏昆山人。正统十三年（1448年）进士，授兵科给事中、山西右参政、两广巡抚、礼部右侍郎、吏部左侍郎等职，谥文庄。

叶盛生平嗜书，遇奇书异本，必购之或抄录为快。精于校雠，博览群籍。宦游数十年，未曾一日辍书。有时到很远的地方任职，也"必携抄胥"自随。钱大昕《潜研堂集》之《江雨轩集跋》云："文庄藏书之富，甲于海内，聚书至数万卷。"为了妥善保管好自己多年搜集的书籍，叶盛在自家的宅园里兴建了一座藏书楼，名之为"箓竹堂"，其是取《诗经·卫风·淇奥》学问自修之意。

叶盛经常告诫子孙要爱书读书。他说："子孙才分有限，无如之何，然不可不使读书。贫则教训童稚以给食，但书种不绝足矣！若能布衣草履，从事农圃，足迹不至城市，弥是佳事。"他对当时藏书家虞堪的后人变卖祖上藏书，十分痛心，曾作书加以劝阻，并帮助解决衣食之忧。叶盛的心血没有白费，他的子孙多能遵从祖训，热衷藏书。在他去世后的一百多年里，"箓竹堂图书府扃钥未疏"。其长孙叶恭焕，字伯寅，号括苍山人。嘉靖二十五年

第五章　千秋仰止宫墙近——古代私家藏书

（1546年）举人。同叶盛一样，也是明代著名藏书家。他爱书聚书，"购古文奇帙，得数百千卷"，进一步丰富了箓竹堂的藏书，使之保持了"藏书甲当代"的美名。

叶盛认为，书难聚而易散。为使后人知道祖上藏书不易，决定编制《箓竹堂书目》。可惜，《箓竹堂书目》并没有完成。《粤雅堂丛书》中的《箓竹堂书目》6卷，不过是叶盛平时藏书的簿录，为未定之本，虽然也按类编排，却仅记册数，不注卷数和版本，与自序中的著录数字也不一致，所以也有人认为此书目并非出自叶盛之手。

叶氏箓竹堂的藏书质量是很高的，在所藏2万余卷图书中，有许多是罕见之书，非常珍贵。叶盛认为，藏书的目的在于读书，读书的目的在于求知。他边读书边考证，写过不少书的题跋，评述过许多书的版本优劣。他对校勘图书也很在行，指出了一些书的文字错误。他认为杂书、类书、传写、刊刻多不精，校勘须格外留意。他还考辨出不少诗文中的讹误。

叶盛一生游历广，见识多，嗜金石。巡抚两广时，常喜游名山大川，遍考碑刻铭文，收集了大量的金石拓片。经过精选整理，编成《箓竹堂碑目》六卷。

箓竹堂藏书中，以叶盛本人的手抄本最有名气。张元济《涉园序跋集录》称："赵明诚《金石录》三十卷，宋椠久亡，世传抄本，以箓竹堂叶氏抄本为最善。"叶德辉《书林清话》中也说叶抄为"明以来抄本最为藏书家所秘宝者"。叶氏抄本喜用绿墨二色格，版心有"赐书楼"三字。叶盛著述颇丰。箓竹堂收藏的大批珍本为其著述提供了丰富的源泉。吴宽《叶文庄公祠》中说，"其书册满家，笃学考古，至忘寝食"。在叶盛著述中，最有影响的要数《水东日记》38卷。日记记载了许多明代典制和遗闻逸事，很有价值。叶盛还著有《开封纪行稿》和《箓竹堂稿》。《箓竹堂稿》收录其诗词4卷、文4卷。其"文有劲直之气，稍盛于诗"。叶盛卒后，他的所有著述由其子叶淇汇编，合为90卷刊行。

叶盛死后近二百年，直至其裔孙叶九来时，箓竹堂的藏书还没有多大损失，很为一般藏书家所羡慕。但叶九来死后，箓竹堂藏书开始散失。清乾隆龚炜撰《巢林笔谈续谈》中记载过昆山藏书家的情况："昆山藏书之富，往时甲于东南。藏书家们不惜重金购买宋元以来善本，广搜遗逸简编，装潢缮写，殆无虚日，缥缃充栋，藏书盈楼。尤其邑中故家旧族，尚多先世藏书。诸绅

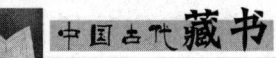

士亦不乏收买书籍。近来大姓日落，书籍亦多散之外方，可胜感叹！"箓竹堂藏书也有不少散流到外地。

王世贞《箓竹堂记》云："生平无他嗜好，顾独笃于书，手自抄雠，至数万卷。"钱大昕《江雨轩集跋》说他："服官数十年，未尝一日辍书。"及至晚年，叶盛藏书积至 4600 余册，共 22700 多卷，为当时江苏藏书之首。

知识链接

叶盛与《箓竹堂碑目》

《箓竹堂碑目》以时代先后为序，第一卷从三代至秦，收录坛山石刻等；第二卷从后汉至隋，收录沛县大风歌碑文等；第三卷从唐至五代，收录太原晋祠之铭文等；第四卷为宋、金二朝，收录开封国子监碑刻等；第五卷为元代碑文，收录有河津县建极宫碑文等；第六卷为例外，为各代集帖。著录也很细致，每帖下尽注其出处和数量。

吴宽藏书

明代苏州府吴县乐桥西尚书巷内有一处风景极为雅致的私人庭园，庭园内建有著名的私人藏书楼"丛书堂"，其主人便是大藏书家吴宽。

吴宽（1435—1504 年），字原博，号匏庵，江苏苏州人。成化八年（1472 年）会试、廷试皆第一，授修撰。孝宗即位，进侍读学士，官至礼部尚书。卒赠太子太保，谥文定。他少有才气，志趣超卓，笔力雄健，"诗文有典则，兼工书法"，当时有"吴中文士第一人"之誉。吴氏喜藏书，其丛书堂之藏甚富。藏书家沈周、王鏊等都是他的好友，常在一起聚会，读书论文。

吴宽位居一品，财力充沛，为他聚书创造了良好的条件。在京城为官数十年间，他四处搜求珍本，购买了不少有价值的书籍，使丛书堂之藏日

第五章　千秋仰止宫墙近——古代私家藏书

益丰富。每遇有佳本而不肯出售者，他就千方百计借到手，亲自抄录成册，以充书楼。所抄本皆红印格，版心有"丛书堂"字样，以与其他藏书家抄本相区别。《静志居诗话》中说："吴中藏书家多以秘册相尚，若朱性甫、吴原博、阎秀卿、都玄敬辈皆手自抄录。匏庵遗书流传者，悉公手录，以私印记之。前辈风流，不可及也！"由于吴宽极有文名，书法又绝似苏东坡，所以他抄录的图书一时身价倍增，与明初叶盛抄本并著，深为当时的藏书家所赞赏。

古典藏书

吴宽曾自编《丛书堂书目》一卷，著录自己的藏书。又出资招请工匠，专门为丛书堂制作了一批书橱，并亲手撰写《书橱铭》，命工雕刻在书橱的门扇上。铭云："虚其胸惟书可丛，窈其足惟绳可束，是为行秘书，吾安能知之？"吴宽还收藏了不少名画，制作书橱时，也同时制作了一批画橱，并撰《画橱铭》，以抒其志。

在藏书管理上，吴宽也精心细致。平时要做大量的整理、编目等工作，每逢秋高气爽，总要晒书，去除书中的霉味，防潮防虫。

丛书堂藏书的来源以购书和抄书为大宗，也不乏朝廷赐书。丛书堂藏书质量则以抄本为最精。

吴宽一生著述亦丰，今存者尚有《家藏集》70卷及《平吴录》1卷。

由于《丛书堂书目》一卷亡佚，今天我们已难考吴宽抄本其详，但从诸家题识之中仍可看出吴宽一生确实抄了不少图书。见于记载者有：影宋抄本《孟子章指》1卷、《孟子音义》1卷、《孟子注疏》14卷；抄宋本《宾退录》10卷、《嵇康集》10卷、《吴沈诗草合卷》《墨子》15卷；红格竹纸抄本《王建诗集》10卷、宋柳开《河东集》16卷、范成大《石湖居士文集》34卷、刘国器《纲目分注发微》10卷；另有《裔夷谋夏录》1册、《春明退朝录》1册、《谈苑》1册、《国初事迹》1册、《大唐传载》1册、红格抄本《续博物志》1册、红格抄本《霏雪录》2册、《南方草木状》1册等。其藏书

99

印也多,有"古人史氏""延州来季子后""双井村人"等。晚年抄书还喜自署"吏部东厢书者"的雅号,颇有情趣。

明末清初时,吴宽丛书堂的藏书开始散失于民间。

杨士奇藏书

明初,在江西泰和城南,苍山脚下,青松掩映之中,有一座著名的藏书楼,那就是明代大学士杨士奇的东里草堂。东里草堂庭院优美,亭台楼阁错落有致。院内主要建筑为友松轩、贫乐堂和善乐堂。友松轩是杨士奇读书的地方,贫乐堂是他会客的场所,而善乐堂是东里草堂中藏书的地方。杨士奇曾为此处题诗云:"家惟经籍富,数世坐丘园,善乐承先训,心清味道言。"善乐堂中有杨士奇倾注了一生心血收藏的各种珍本奇书,数量之多,版本之精,在当时的江西藏书家中也是不多见的。

杨士奇(1365—1444年),名寓,字士奇,明江西泰和人。建文初,被荐入翰林院充编纂官,后被授编修,不久又入内阁典机务,迁礼部侍郎兼华盖殿大学士,官至兵部尚书、首辅,他为官清廉,卒赠太师,谥文贞。

杨士奇少年时就立志藏书。其先祖是有名的藏书家,藏书数万卷,可惜元代毁于兵火,荡然无存。每当与其母谈及此事,他都感到痛惜万分,并下决心以藏书为己任,重振家风。而且,他也确实做到了数十年如一日,把藏书作为生活中的重要内容。他在《文籍志序》中自叙了藏书的艰难历程:"吾早有志乎学,而孤贫不能得书。稍长,事抄录,无以为楮笔之费。则往往从人借读,不能数得。年十四五,出教童蒙,颇有所入,以供养,不暇市书也。弱冠,稍远出授徒,所入颇厚,始蓄书,不能多也。及仕于朝,有常禄,又时有赐赉,节缩百费,日月积之,一为收书之资。历十余年,经史子集虽不能备,颇有所蓄,视吾先世所藏,千百之十一,视吾少之时,可谓富矣。"晚年,他官居礼部尚书,随着俸禄与赏赐增多,他购书越来越勤。在他撰著的《东里续集》中记有大量的购书事例,足见其藏书之盛。

东里草堂藏书的来源,主要是杨士奇用俸禄购买的,另外还有朝廷赐赏、友人相赠及亲手抄录。杨士奇身居高位,又常参与文事,如担任《两朝实录》总裁等,自然得到朝廷赐书的机会就多。仅刊刻《欧阳文忠公集》一书,朝廷就赐书四十五册。杨氏为官清廉，虽然平生酷爱书籍，但从不以权势夺人所爱。大家都敬重他的为人，乐于与之相交，他的朋友很多，经常以书会友，许多朋友拿出自己的书籍赠给他。东里草堂所藏的《桂林郡志》《柳文》《事文类聚》《大学中庸目录》《易义二集》等，都是朋友赠送的。同僚王羽仪与他相交甚厚，如数月不见，见面后必赠其一书。

入翰林前，抄书是杨士奇增加藏书的重要手段。如所藏《古文矜式》一书，就是他十六七岁时在私塾教书时向藏书家张子震借录抄成的。此书"盖世以为秘传稀有之书也"（《东里续集》卷十八）。杨氏抄录、珍藏之余对前来借录的人也不保守，继续让他们转录，使该书得以广泛流传。

杨士奇十分重视对藏书的保管。永乐十九年（1421年）春，他自翰林学士改任左春坊大学士，公务不太忙，常喜欢"坐小轩中，杜门却扫，时理书册"（《东里诗集》卷二）。杨士奇教育子孙要加强东里草堂藏书的保管。他在家训中专门规定："祖宗所遗一应碑铭、行述、诗文稿草、片纸只字及家乘谱牒之类，并委收掌爱护，不许损坏。但略有损坏，即是不孝。盖此系吾家传世之宝，子孙所当谨守为是。"他还亲自拟定了东里草堂管理书房的人选。

在杨士奇的家书中，也可见他对藏书管理的重视。他多次叮嘱其子杨稷："一应书籍、文字、法帖、画卷，好生收贮，时常晒晾，纤毫不可损坏。此是老父平生尽心力所致，以为传家之宝者，汝须用心宝爱，稍有损坏，即不得为孝子！"（《东里续集》卷五十二）他还要求其子代为搜寻书籍，完善收藏。晚年，杨士奇多病，身体越来越差。正统九年（1444年）三月，他临终交代后事时，特别要求后人将京师的藏书完整无损地运回东里草堂。他说："启行回去，凡书籍文字，须逐一收拾，包裹爱护。舟中尤须谨备雨水漏湿，片楮只字不可损坏遗落，法帖、图画皆然。"嗜书之情如此深厚，令人感叹。

杨士奇的版本学识很有功底，在明初藏书家中，要算他对个人藏书的评介最多，有云藏书之来历，亦有评藏书之价值。

杨士奇藏书的目的也很明确，不是充摆设，附风雅，而是供读书著述之用。他说："积书岂徒以侈座隅、充箧笥而已。必讲读究明，务得之于心，而行之于身也。"他一生读书很多，以遨游书海为乐。而且，丰富的藏书为其著书提供了便利。杨氏一生著述甚多，有《东里文集》二十五卷、《东里诗集》

三卷、《东里续集》六十二卷、《东里别集》五卷等。他的文笔很好，被推为一代作手，这与其藏书多亦有很大的关系。

黄虞稷藏书

明朝末年，南京有位著名藏书家叫黄居中（1562—1644 年），字明立，又字坤吾，号海鹤先生。原籍福建晋江（今福建泉州），后迁居金陵（今江苏南京）。他一生"锐意藏书，老而弥笃"，收书六万多卷，建千顷斋以藏之。黄居中自幼爱书，喜欢读书。未做官之前，他就经常四处奔走，到别人家去借书读。每逢见到好书，必精心抄成副本收藏起来。入仕以后，所得薪俸，除吃穿必用之外，其余全部用于买书。黄居中潜心藏书、读书和治学的精神是十分感人的。比他小20岁的著名学者和藏书家钱谦益在《黄氏千顷斋藏书记》中说他"寝食坐卧，宴居行役，未尝一息废书也"。近晚年，朝廷升任他为贵州黄平州知州，他不愿离开书乡南京，毅然以年迈婉辞，一心扑在收藏、整理图书和读书治学上，著有《千顷斋集》30卷及《文庙礼乐志》《文征》《论世录》等。黄氏死后四年，钱谦益因编辑《列朝诗集》之需要，曾去千顷斋借阅有关明代诗文方面的书籍，在千顷斋"尽得见本朝诗文之未见者"（钱谦益《黄氏千顷斋藏书记》）。钱谦益也是当时著名的藏书大家，尚且到黄氏千顷斋去借读，而且读到了许多自己没有见到的书，可见千顷斋的藏书有多么丰富。

黄居中去世之后，千顷斋藏书由其二儿子黄虞稷管理。黄虞稷（1629—1691年），字俞邰，又字楮园。几十年里，黄虞稷不忘继承父业，继续大力收藏图书，潜心读书治学。其好友、著名藏书家丁雄飞在《古欢社约》中说他是："年未二十而问无不知，知无不举其精义。今且多方搜罗，逢人便问，吟咏之

黄虞稷画像

声达窗外。"他收书多，读书多，学问也深厚。著有《楮园杂志》《我贵轩》《朝爽阁》及《蝉巢》等。其晚年之所以被荐，完全是由于他具有博深的学问和对明代史籍的熟知。黄虞稷对图书的嗜好与其父相比，可谓有过之而无不及。为了增益父藏，他四处征访，每得异本，便抄录收藏并认真校勘。经几十年努力，千顷斋藏书又增加了2万多卷。他把千顷斋予以扩建，更名千顷堂，使千顷斋之藏增至8万余卷，成为当时海内闻名的大藏书楼。

钱曾藏书

钱曾（1629—1701年），清代藏书家、版本学家，字遵王，号也是翁，又号贯花道人、述古主人，虞山（今江苏常熟）人。父亲钱裔肃和曾祖钱谦益都是藏书家，受其影响，钱曾年轻时即有志于收藏古籍，访求图书不遗余力。入清后他便无意仕途，顺治十八年（1661年）在江南奏销案中因欠赋被革去生员。他继承了其父的藏书，后来又得到了钱谦益的绛云楼焚余之书，使藏书聚至4100余种，其中有很多宋元刻本和精抄本，成为继钱谦益绛云楼和毛晋汲古阁之后的江南藏书名家。钱曾的藏书室先后命名为述古堂和也是园。他重视宋元刻本及旧抄本，并认真校书，为古籍存真起了一定的作用。他还与当时的毛晋、毛扆父子及陆贻典、季振宜、冯舒与冯班兄弟、叶奕、顾湄等藏书家互通有无、易书抄校，从而使一些珍本秘籍得以流传。

钱曾编有3部藏书目录：《述古堂书目》《也是园书目》和《读书敏求记》。《述古堂书目》收书2200余种，著录书名、著者、卷册，间或注明版本。《也是园书目》收书3800余种，仅著录书名和著者。这两部书目只是图书的登录簿，但据此可了解他的全部藏收情况。钱曾在版本学方面的成就，主要体现在《读书敏求记》中。该书是一部解题式的书目，继承了前人特别是宋人的书目传统，解题内容侧重于版本的鉴定。《四库全书总目》评价它"见闻既博，辨别尤精"。

钱曾认为图书比官职、金钱更贵重。他的藏书活动可以说是倾竭家资、沥尽心血。在他看来，寻求到好书，比升官发财还难。他一生选择的正是一条不求功名利禄、一心收藏图书的艰难道路。谈及这些图书的收藏经历时，他说："竟如猩猩血，缕缕而出矣。"（《述古堂书目后序》）为了收藏书籍，钱曾与江浙一带的许多藏书家，如吴伟业、顾湄、金俊明、叶树廉、陆贻典、

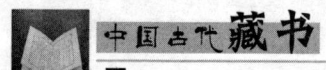

冯舒、冯班、曹溶等，结交甚密，经常向他们借读、借抄图书。凡是难以买到的书，他都千方百计地从别家借来抄。钱氏抄书，所用纸墨精良，并严加校勘。因此，其抄本质量很高，可与毛晋汲古阁影抄本相媲美。他认为，嗜藏书者，必须真懂图书，要善于识别好书。能理解并识别图书，才是真正懂书、爱书，也才能收藏到好书。他说："而真好与真知者实难其人。是必知之真，而后好之始真。然好之既真，而不造于真知者，吾未之见也。"（《述古堂藏书自序》）在封建社会，一个官场无名，以布衣之身聚书的人，竟能收藏到这么多的珍籍，实在难能可贵。

钱曾收藏图书的活动有两个突出特点：一是注重搜求善本，所藏宋元旧刻、旧抄非常丰富；二是精于版本研究，为版本目录学做出了重要贡献。

钱曾述古堂、也是园、莪匪楼收藏的图书，多钤印章。其藏书印有"彭城世家""述古堂藏书记""钱遵王藏书"等。有的书上题有"虞山钱遵王莪匪楼藏书"小字一行。其所抄之书栏外有"虞山钱遵王也是翁藏书"或"钱遵王述古堂藏书"等字样。大约在康熙丁未之际（1666—1667年），钱曾把家藏一部分宋刻复本书，卖给了泰兴藏书家季振宜，其余几万卷藏书也在他死后逐渐散佚。当年，钱曾为收藏图书辛劳一生，视书如命，保管甚严，以致朱彝尊为得其《读书敏求记》抄本，也大费了心思，花费了许多钱财。而于其身后，他的藏书也同大多数藏书家一样，非毁即散，难以保全。对此，清末藏书家叶昌炽在《藏书纪事诗》卷四中曾大发感慨：

张灯高宴白门秋，费尽黄金与翠裘。
面肆酒坊论秤买，蜡车障壁杂泥桨。

周亮工藏书

周亮工（1612—1672年），字元亮，号栎园，别号缄斋、栎下生、适园、栎老、谅工、笠僧、伯安等，清祥符（今河南开封）人，居于金陵（今江苏南京）。精于鉴赏，好古书字画，家有"赖古堂""因树屋"，又有"藏密庵""蕉堂""恕老堂""偶遂堂"等，藏印篆、古书、字画极富。著有《读画录》《印人传》《因树屋书影》《赖古堂印谱》《赖古堂诗文集》等。藏印有"周亮工印""缄斋藏书""曾为大梁周氏所藏""赖古堂""栎园赏鉴图书""栎园周氏藏书""周栎园家藏书""赖古堂图书记""赖古堂手抄""周元亮抄本"等。其藏书后大部分被长子周在浚收藏。

周在浚，字雪客，号黎庄，一号遗谷，又号耐庵，祥符人。藏书楼名"秋水轩"。朱彝尊称他"藏书累叶，手泽犹新，玉籍缥缃，不减李邺侯之架；御书炳焕，何殊孙长孺之楼"。著有《云烟过眼录》《晋碑黎庄集》《秋水轩集》等。藏印有"周雪客藏书""周雪客家藏""大梁周在浚雪客私印""豫仪周雪客藏"等。

周亮工画像

惠栋藏书

惠栋（1691—1758年），字定宇，号松崖，江苏吴县人。其学沿顾炎武，一生治经以汉儒为宗，以昌明汉学为己任，尤精于汉代易学。所著《易汉学》《易例》《周易述》等，驳诘宋人《河图》《洛书》、先天、太极之说，为清代吴派经学奠基，深得乾嘉学者推重。但固守汉儒《易》说，不复甄别，以致当时及后世有"株守汉学""嗜博泥古"之讥。又撰《古文尚书考》，继清初阎若璩之后，辩证《古文尚书》为晋人伪作。著述尚有《后汉书补注》《九经古义》《明堂大道录》《松厓文钞》等。

叶昌炽《藏书纪事诗》卷四咏惠氏一门诗曰：

红豆新移选佛场，葑田北去有书庄。

一廛负郭三分水，四世传经百岁堂。

说的就是惠氏一门从惠周惕、惠士奇到惠栋的藏书事迹。

红豆书屋为惠氏藏书之所。据李富孙说，"在吴城东冷香溪之北。吴郡东禅寺有红豆树，相传白鸽禅师所种。研溪（即惠周惕）移一枝植阶前，因自号红豆主人"。翁方纲《题王文简载书图》："松崖昔侍研溪谈，秘笈师门一百三。今日新城访耆旧，巾箱著录果谁堪？"可见惠氏藏书的渊源。

钱大昕《惠先生栋传》谓："自幼笃志向学，家多藏书，日夜讲诵，自经、史、诸子、百家杂说，释道二藏，靡不津逮。父友临川李公绂一见奇之，曰：'仲孺有子矣！'……中年课徒自给，陋巷屡空，处之坦如。雅爱典籍，得一善本，倾囊弗惜。或借读手抄，校勘精审，于古书之真伪，了然若辨黑白。"

惠氏专心经学，尤精《周易》，首倡以声韵训诂、校勘考证为整理研究经籍之途径，是"吴派"考据学的创始人。曾广事钩沉汉儒易说，成《易汉学》，发明汉易学说。另外又有《惠氏百岁堂书目》三卷，见《苏州府志》。他的藏书印有"惠栋定宇""红豆山房所收善本""红豆斋收藏""红豆书屋""惠栋之印""定宇""臣栋"以及"松崖"朱文联珠印。

惠栋画像

知识链接

"孔壁"

又称"鲁壁"。指秦始皇焚书时，孔子后裔孔鲋、孔腾将孔子遗书藏于孔宅夹壁。据《孔子家语》记："孔腾字子襄，畏秦法峻急，藏《尚书》《孝经》《论语》于夫子旧堂壁中。"又《孔丛子·独治篇》记："陈馀谓子鱼曰：'秦将灭先王之籍，而子为书籍之主，其危矣。'子鱼曰：'顾有可惧者，必或求天下之书焚之，书不出则有祸。吾将先藏之以待其求，求至无患矣。'"又，《汉书·艺文志》："《古文尚书》者，出孔子壁中。武帝末（范按：据《汉书·鲁恭王传》则为景帝时。又顾实《汉书·艺文志讲疏》考证在武帝初），鲁共王坏孔子宅，欲以广其宫，而得《古文尚书》及《礼记》《论语》《孝经》凡数十篇，皆古字也。"

沈曾植藏书

沈曾植（1850—1922年），字子培，号乙庵，晚年又号寐叟，浙江嘉兴人。

沈曾植是清末民初知名学者兼藏书家。他的祖父为清道光朝工部侍郎沈维鐈。据称沈维鐈一生除积书外无其他嗜好。斗室之内"排签插架，坐拥百城"，并令人写了一副对联，即当年阮元为苏州藏书大家汪士钟书写的"种树如培佳子弟，拥书权拜小诸侯"，挂于书室之内。沈维鐈还立下规训：子孙不可一日不读书，且读书行善不可偏废。沈曾植是沈维鐈长子沈宗涵的第二个儿子。沈曾植出生后不久，祖父即去世，8岁时父亲亦辞世，家境日渐贫困，沈曾植兄弟4人因无力聘请塾师，遂由母亲韩夫人启蒙读书。

沈曾植藏书始于他30岁考中进士踏上仕途之后。起初由于家境较贫，官俸微薄，虽嗜求古书，但常常囊中羞涩，丛书巨帙，善本名画，多不敢问津，只是在价格较低廉的书画中披沙拣金。经过多年的艰辛搜罗，加之鉴别精当，与其他藏书大家相比，虽藏品不能以万计，但精品亦琳琅满目。

沈曾植的收藏可分为碑帖、书画和书籍三个部分。碑帖的收藏时间较早，在京为官时即有所收获。据《海日楼题跋》所录，宋拓本有20余种，明拓本、名人题跋本也较多。最著名的有宋拓《淳化阁帖》，宋拓王羲之书《乐毅论》《黄庭经》，王献之书《洛神赋》等，均为传世名帖。

沈曾植对书画的收藏始于光绪末年，其中多明清著名书画家作品，如文徵明、董其昌、唐寅、陈洪绶、刘墉等。沈曾植对于书画鉴赏较有个性，他十分强调书画家对前代的继承，取其"存古法者"收藏，而对于展示书画家个性的作品，却颇不以为然。

沈曾植旧照

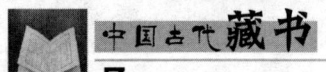

光绪末年至民国初年是沈曾植购置善本古籍最多的年份。据《海日楼题跋》收录书目，宋刻本4种，元刻本5种，此外明刻本、影宋本、名人题跋本也较多。沈曾植尤其喜爱黄庭坚的诗，晚年客居上海时，数年即收有黄庭坚诗文集9个版本，其中3个宋刻本，1个元刻本，4个明刻本和1个日本活字印本，均为世间罕传的珍本，其中一些是清代翻刻的祖本，学术价值很高。沈曾植生前未将自己的全部藏书编写成书目，只是把为善本书、名画、名帖撰写的题跋辑成《海日楼题跋》行世。

沈曾植在学术方面，以蒙古史、元史成果卓著，著有《蒙古源流笺注》《元秘史补注》等。在文学方面，沈曾植是同光派的主要诗人，被汪辟疆在《光宣诗坛点将录》中肯定，著有《海日楼诗》《逊斋诗钞》等。在艺术方面，沈曾植的书法颇有造诣，喜作草书篆书，古奥遒丽，自成风格，时称书中豪杰。

沈曾植的字号极多，据《清人室名别号索引》统计，有61个之多，其印章也多如牛毛，常用的有"乙庵""寐翁""寐叟""东轩"等。

沈曾植属于清末的学者型藏书家，其治学藏书相互辅佐，颇重视书的资料价值，故而虽藏书量不能以万计，宋元本不过数部，但在书籍勘订鉴别方面却给后人留下了宝贵的财富。

缪荃孙藏书

缪荃孙（1844—1919年），中国近代藏书家、校勘家、教育家、目录学家、史学家、方志学家、金石家，中国近代图书馆事业的奠基人，中国近代教育事业的先驱者之一。字炎之，又字筱珊，号艺风，江苏江阴申港镇缪家村人。著有《艺风堂藏书记》《艺风堂金石文字目》《艺风堂文集》等。

缪荃孙毕生研究文史，考录金石，校订旧籍。藏书活动一直是围绕着他的学术活动而展开的。

缪荃孙的藏书主要来源有二，即本人收集和友朋赠送。

缪荃孙十二三岁时居江阴中浦老屋，屋中存书四大橱，在从族兄缪犀读书之余，即取书阅读，且有所心喜。咸丰十年（1860年），江阴战乱，其书被毁，只字不存，因此缪荃孙的藏书均是他日后靠持之以恒地搜罗，日积月累形成的。

第五章 千秋仰止宫墙近——古代私家藏书

缪荃孙一生南北奔波，历十六省，其所到之处均留下了访求典籍网罗群书的足迹。

自江阴战起举家转徙江淮，"流离琐尾，亦时购零本以消永日"（缪荃孙《艺风藏书记·藏书缘起》）。这是缪荃孙最早的收书记录。此时他还在从师就读，购书只不过是一种消遣。至咸丰十一年（1861年），因患疟病，寓淮安姑丈家中，加之捻军已近，无力从师，故终日研读《随园诗话》《吴会英才集》《洪黄两家诗》《文选》等，并仿其体例风格而为之，散步湖滨，吟咏成帙。

缪荃孙旧照

缪荃孙真正的藏书活动则起自至四川读书之后，"甲子游蜀，受知于李顺德师劢以目录之学，三上春官，陆遵秦晋，水出蜀豫，遇书辄购，所积遂多"（缪荃孙《艺风藏书记·藏书缘起》）。

而缪荃孙大宗购书有两次。一次是在任翰林院编修时，他殚心著述，一有闲暇即至琉璃厂海王村书肆搜访异本，时值有"五部侍郎四部尚书"之称的汤金钊欲假归乡里，其家藏全部出售，缪氏即以重金购得一部分；第二次是在光绪二十五年（1899年）八月，缪荃孙经上海入京，"在沪见蒋香生太守书，在都见方柳桥太守书，购及千金"（缪荃孙《艺风老人年谱》）。

除上述两次大规模购书外，缪荃孙还利用一切机会广收博集以充家藏。缪荃孙的藏书除自己收集外，还有一些是朋友代购或赠送的。在上海古籍出版社出版的《艺风堂友朋书札》中，记录了缪氏同时代知名学者157人与之论学的书信，从中可以看到有许多学者曾为缪氏代购、代抄或赠送过典籍，这当中尤以汪鸣銮、叶衍兰、沈曾植、梁鼎芬、李慈铭、叶德辉、傅增湘、王先谦、罗振玉等为最多。他们或受缪氏之托为其寻访所需之书；或借到珍籍请人抄录双部，寄与缪氏共享；或将近刻之书及所购之书相赠。

以数千金购得汤金钊、蒋凤藻、方功惠部分家藏为基础，以广收博集为充实，以友朋代购、赠送为补充，逐渐形成了缪氏治学所需的完整家藏。缪荃孙藏书的具体数字今已无可考知，而其《艺风堂藏书记》《续记》《再续记》中所收录的典籍则是缪氏藏书的精品，其所记共 1457 种，近 35000 卷。其内容涉及经、史、子、集四部。所藏集部诗文类最多，占所记典籍的 40%。除此之外，其藏书中的另一个重点就是史部。缪氏一生在史学研究领域涉猎颇广，从谱传到地方史志无所不涉，且尤以金石擅长，反映到藏书活动中则是注重家谱、传记、方志、金石等类文献的收藏。另外，其目录类共有典籍 57 种，这当中包括书目、书籍和金石三小类，仅就书目而言，就包括了一些著名的藏书目录，如《百川书志》《千顷堂书目》《绛云楼书目》《佳趣堂书目》等。从藏书版本上看，明刻本最多，达 546 种；其次为旧抄本，共 361 种；最少为稿本，仅 40 种。

缪荃孙对待藏书的态度十分开明，他认为藏书聚散是常事，应泰然处之。但对前人藏书因国难颇多散佚，而不能流传后世甚表遗憾。在此基础上，缪荃孙逐渐形成了"书去目存"的藏书观。这种藏书思想虽出于无奈，但从中我们也看到了缪荃孙对待藏书豁达开通的一面。

"书去目存"的开明藏书思想使缪荃孙极为注重家藏同世流通和后代流传，其具体表现为：

第一，公开家藏，与人共享。他首先将所藏珍善之本，编成《艺风堂藏书记》，并付梓刊印，之后又将成书多方赠送。仅据其光绪二十八年（1902 年）的日记中载，所赠友朋的《艺风堂藏书记》就不下 20 部。自此，友朋往来借书者常年不绝，藏书流通甚为频繁。由此可见，《艺风堂藏书记》实际上是缪荃孙向广大友朋敞开自己的藏书之门。

第二，刊刻丛书，流传家藏。缪荃孙将刊刻丛书认为是保存典籍、以传后世的行之有效的方法。"单缣另帙最易消磨，有大力者，汇聚而传刻之；昔人曾以拾冢中之白骨、收路弃之婴儿为比，则丛书之为功大矣"（缪荃孙《艺风堂文漫存·卒壬稿》卷二）。其刻书始于光绪八年（1882 年），是年刊《万善花室文集》《洪幼怀文集》。之后他常年刊刻不辍，其中有《常州先哲遗书》42 种、《云自在龛丛书》19 种、《对雨楼丛书》5 种、《藕香零拾》38 种、《烟画东堂小品》25 种。这些丛书多为缪荃孙从自己的藏书中所辑。今天缪荃孙藏书多已散佚，而我们可以从其所刻的丛书中见到其部分藏书的原貌，由此可见缪氏借刻丛书来使其藏书留传后代的目的是达到了。

缪荃孙所处的时代正值国家内忧外患，此间藏书楼被毁、典籍亡失之事常有发生。无情的现实使他逐渐形成了"书去目存"的开明藏书思想，加之一生颠簸，无高官可做，无厚禄可享，于是就走上了一条不同以往敢于冲破旧模式的藏书之路，并形成了勤于收集、善长整理、不求追异、力主实用、注重流通、刊藏传世的特点。

方功惠藏书

"巴陵方与归安陆，一样书林厄运过，雁影斋空题跋在，流传精椠已无多。"这是清代著名学者王仪通题日人岛田翰《皕宋楼藏书源流考》时咏广州碧琳琅馆的藏书纪事诗。方功惠碧琳琅馆收藏之富，当时几乎可与陆氏皕宋楼和丁氏八千楼相匹。方氏之藏虽没有像皕宋楼那样魂漂东瀛，然却如昙花一现，瞬间烟消云散，同样令人扼腕。

方功惠（1829—1897年），字庆龄，号柳桥，清湖南巴陵（今岳阳）人。自幼嗜书，家有碧琳琅馆，藏书十万卷，富甲粤东。最难得的是，方功惠甚至在杨守敬之前就已经注意收集从日本散出的我国古籍珍本。当时正值日本明治维新，杨守敬访书日本，搜得许多国内已经失传的珍本秘籍，如日本曼殊院、尾张菊地氏、知止堂以至佐伯文库之旧藏。书林传为美谈。佐伯文库为日本著名私家藏书，其历史甚至早于我国的天一阁，故不乏国内罕见之秘册。碧琳琅馆盛于一时，连当时号称博学的两广总督张之洞也常去碧琳琅馆借阅书籍。

方氏饶于资财，故他和许多家境富裕的藏书家一样，也喜欢刻书。所刊《碧琳琅馆业书》，收书四十四种，中多海内罕见孤本；又刻有《古经解汇函》《古小学汇函》《全唐文纪事》等，实为书林有功之臣。

方功惠的藏书有《碧琳琅馆书目》4卷，著录其藏书约3000种；《碧琳琅馆珍藏书目》4卷，著录各种类珍本约680种；《碧琳琅馆集部书目》不分卷，著录所藏集部总集之书约500种。又有藏书题跋《碧琳琅馆藏书记》，收录方氏藏书题识75篇。

方功惠死后，其孙方湘宾将碧琳琅全部藏书运至北京，请其同科举人李希望为之鉴定，李氏因此遍读碧琳琅馆之藏而成《雁影斋题跋》和《雁影斋读书记》。庚子之变后，方湘宾把藏书大部分卖给了北京琉璃厂书肆。一部分捐赠京师大学堂，今存北京大学图书馆。

孙星衍藏书

孙星衍（1753—1818年），清代藏书家、目录学家，字渊和，号伯渊，阳湖（今江苏武进）人。性嗜聚书，闻人藏有善、秘本，借抄无虚日。金石文字拓本，古鼎彝书画，无不考其原委。家有藏书楼"平津馆"，贮书极富，以校勘精审见称。编撰有《孙氏家藏书目》，分外编3卷、内编4卷；《廉石居藏书记》1卷、《平津馆鉴藏书籍记》3卷，续编1卷，补遗1卷。嘉庆五年（1800年），刊行《祠堂书目》。辑刊文献甚多，嘉庆中刻有《岱南阁丛书》《平津馆丛书》。《岱南阁丛书》主要收集自著诗文集和校订的《古文尚书》《孙子》和地理、刑律方面的古籍。《平津馆丛书》10集32种，主要为辑校的诸子、医学、历史等方面的古籍，选择精严，校勘精审。著述宏富，有《尚书今古文注疏》《寰宇访碑录》《周易集解》《考注春秋别典》《尔雅广雅训诂韵编》《晏子春秋音义》《金石萃编》《史记天官书考证》《建立伏博士始末》《明堂考》《续古文苑》《平津馆文稿》《芳茂山人诗录》《仓颉篇》等。

孙星衍的父亲孙书屏曾任丹阳、句容教谕及河曲知县，很喜欢收藏图书，但因家庭经济不富裕，无钱多买，便经常把衣物卖掉换钱买书，其家集有好几柜图书。受父亲爱好熏陶，孙星衍自少年时候就对书籍产生了浓厚兴趣。年幼的他，经常偷看柜中图书，喜爱至极。二十几岁上学于龙城书院，之后受聘关中，校书于毕沅官署，遍读毕氏丰富藏书，深究版本目录之学，为其收藏图书奠定了理论和方法基础。从此以后，开始留心搜讨古籍。在京师任职九年，曾受命进西苑校中秘书，

孙星衍画像

见到、读到许多一般人难以得见之书；在翰林院，他遍读了《永乐大典》。此时与之交往的，多一代好学名儒，所论非书即学，使他大开眼界。凡得见奇文秘籍，他都尽力购买，买不到的便抄。经、史、子、集，以至释道两藏及字书、医学、阴阳、术数家言，无不收购、写存书箧。因此，其收藏十分丰富。孙氏收书最盛是他为官山东之时，此时官俸较为丰厚，除生活日用外，全部用于买书。为了收书，他经常往来于曹南、历下等地，每到一处，都忙于访书、购书，收藏了许多书籍。嘉庆三年（1798年），其母卒，他南归阳湖守孝，其南归船上只装载了一万卷图书，别无长物。乡民纷纷为之送行，成群结队，连绵数十里。当时正是汛期，河湖泛滥。孙氏船过滕县微山湖时，忽然狂风大作，书船沉没，书画尽湿，损坏大半，这对于其收藏来说，是一次大厄。此后他居家五年，经常奔走于吴、越各地，继续购求图书。有人为他作了一幅《万卷归装图》的画，以记其收书之盛，许多文人学士都为之题词作诗，述写情怀。孙星衍在《孙氏祠堂书目·序》中说："海内奇文秘籍，或写或购，尽在予处。"足见其藏书之富。

孙星衍收藏图书有两个突出的特点：

其一，从对待藏书的思想上说，他把图书看作公众的财富，主张以此来教化后人。他清楚地认识到，历代藏书，尤其是私家之藏，没有聚而不散的，或遭兵燹，或因家破而散亡，或被子孙售卖，难能以一家继之。因此，他将自己的藏书捐入孙族祠堂，作为孙氏一族公产，不为己有，以便利用这些藏书"教课宗族子弟，俾循序诵习"（《孙氏祠堂书目·序》），培育人才。

其二，从收藏图书来看，善本颇多。孙氏一生游学及为官足迹遍及南北东西，既有"先后从翰林院存贮底本及浙江文澜阁写录难得之书"，又有从吴越文献渊薮腹地搜讨的宋元古刻珍善，因此，其收藏中"颇有善本及秘府未收之本"。其时，阮元奉命采访四库遗漏之书，曾从孙氏书库中抄录了不少世间不见的古书，进呈内廷。孙氏本人也计划将自己收藏的善本及难得之本编目之后，托人献呈朝廷。他自编的三种书目中可以说是善本连绵，多得令人目不暇接，由此可见其收藏中的善本之富了。

孙星衍的藏书楼主要有孙氏祠堂、平津馆和廉石居三处。

孙氏祠堂是孙星衍遵承父命在金陵修建的孙氏忠愍祠，是为祭祀其从先祖明代功臣孙兴祖而建的。祠堂内有一小院，院内有古松五株，因又名五松园，为星衍祖母闲居之所。五松园门上有匾额一方，题曰"廉石居"。大约在嘉庆三年（1798年）他归乡服母丧的那几年中，将其从老家及山东带回的藏书，大部分都捐藏于孙氏祠堂，这便是孙氏祠堂藏书。他留下的一些治学用的善本书，一部分留藏于其祖母居住的孙氏祠堂内小院的廉石居（五松园），这便是廉石居藏书；另一部分带往山东官所，这便是平津馆藏书。平津馆藏书是他第二次于任山东（嘉庆九年至嘉庆十五年），官山东督粮道驻节平原道之安德时的藏书处。平津馆藏书实际上是行箧藏书，多为其读书治学时常要用的善本书，数目接近其捐于族祠后留存的一半。

孙氏藏书处，除上述孙氏祠堂、廉石居和平津馆外，见于文献记载的尚有冶城山馆及一榭园。一榭园在苏州虎丘，为其子孙竹廉建立的一所藏书处，孙星衍死后，一部分孙氏祠堂藏书曾分藏于此。

孙星衍收藏图书的卷数，从其所撰三种书目来看，大约有10万卷。孙氏藏书皆钤有印章，如"东方廉使"，"东鲁观察使者""孙忠愍侯祠堂藏书""孙氏祠藏""孙星衍印""都官""星衍私印""伯渊"等。

孙星衍不仅是著名藏书家，也是一位著名目录学家。他曾根据藏书编撰了《孙氏祠堂书目》《平津馆鉴藏书籍记》和《廉石居藏书记》三部书目。其中以《孙氏祠堂书目》最为有名，它在书目分类的创新方面做出了突出贡献，深为后世目录学家所推重。

《孙氏祠堂书目》内编4卷，外编3卷。此目共收书2300多种、46000余卷。每书均著录书名、卷数、作者，兼记版本。书目由孙氏祠堂初刻于嘉庆十五年（1810年），刊本不多，流传较少。至光绪九年（1883年），李盛铎将其刊于《木樨轩丛书》，才得以广泛流布。

《孙氏祠堂书目》的最突出的特色在于其分类。它把图书分为经学、小学、诸子、天文、地理、医律、史学、金石、类书、词赋、书画和说部等12大类，并在这12大类下分设了44个小类。他创造的十二分法，对于打破传统四分法顽固统治，推进分类法适应时代的革新，以至于对近现代分类法新体系的产生和发展，都具有积极的开拓意义。

孙星衍一生苦心于收书、读书和治学，收藏宏富，学问渊博。尽管他生前曾费尽心机，希望身后能保住其藏书，但也还是难免战乱之厄。他死后，迫于情势，其子曾于苏州虎丘建一榭园，分藏孙氏祠堂藏书，但不久，一榭园则"池馆楼台，鞠为茂草"，藏书全部毁去。孙氏身后才几十年，其藏书就散佚了，令人扼腕叹息。

第五章 千秋仰止宫墙近——古代私家藏书

周永年藏书

周永年（1730—1791年），字书昌，山东历城人。乾隆三十六年（1771年）进士。周永年藏书近十万卷，精本荟萃，其学识渊博，曾参加过《四库全书》的纂修和《四库全书总目》的编写，是乾隆时期有名的学者和藏书家。

周永年在中进士之前，即提出"儒藏"之说。虽然在明代末期的藏书家曹学佺就已经提出过"儒藏"说，但曹氏的"儒藏"说，不过是想以一个人的力量搜集历来的儒家经典和解经著作，以与释、道两藏相媲美，而对于这些书籍的保存和流通等问题却没有涉及。周永年的"儒藏"说远较曹氏之"儒藏"说具体，因为他跳出了历来私人藏书家的小圈子，起而提倡由社会承担起藏书的责任，使藏书为社会服务。他还主张将天下图书分藏于天下学宫、书院、名山、古刹，以便让那些欲购书而无从的寒门窭士使用。尽管他的这一设想未必能够实现，但他毕竟开始将这一理想付诸实践。他提出由各县之长官、各地之巨族出面倡议，于当地名胜之处建立义学义田，接受藏书家之捐书和赠款。各地义学，应将其藏书编为《儒藏未定目录》并互相传抄，从而使士子知古人著作之存佚情况。同时，各义学各置活版一副，将珍贵却不甚流传的书刊印行世，分而藏之，以使"奇文秘籍，渐次流通"。

为了这一理想，他除在相识的学者中广为宣传之外，还以身作则，置买田地，建"借书园"。因为周永年藏书不在炫私，而在于给大家提供方便，因此他的借书园就像一个私人的图书馆。他的朋友章

周永年画像

学诚被他的这种热情打动，为他写了一篇《借书园书目叙》，其中有这样的话："《借书园书目》者，历城周林汲所藏经史百家之书，用隋、唐四库例，粗具孔目以备稽检者也。周君尝患学之不明，由于书之不备；书之不备，由于聚之无方；故竭数十年博采旁搜之力，弃产营书，久而始萃。今编目所录，自经部以下，凡若干万卷，而旧藏、古椠、缮钞、希觏之本亦略具焉。然周君之志，盖欲构室而藏，托之名山；又欲强有力者，为之赡其经费，立为纪纲，而使学者于以习其业，传抄者于以流通其书，故以藉书名园。"

他的这一举动也感染了他的好友桂馥，桂馥也将自己的全部藏书捐给借书园。但由于种种原因，在周永年生前，部分藏书就一再地散佚，待周永年死后，他的借书园也随之夭亡了。可以说，周永年除了是一位著名的私人藏书家外，还是18世纪中国图书馆事业的先驱者。

他的室名有"水西书屋""林汲山房"，藏书印有"借书园本""林汲山房藏书，传之其人"。

黄丕烈藏书

我国古代的藏书家，又多是刻苦读书的学问家，或者是精于校勘的目录版本学家及热心刊刻图书的出版家。但是，对此四者，在众多的藏书家中，多数人仅能偏重于一二而已，能同时做到收藏图书丰富、读书治学博深、校书编目精审、刊刻流布勤力者，是极少见的。而清代乾嘉年间的黄丕烈则正是这样一位集藏、读、校、刊之大成的杰出藏书家。

黄丕烈（1763—1825年），字绍武，又作绍圃，又字荛圃，号荛夫、荛翁、老荛、复翁、复初氏、百宋一廛翁、求古居士、求古居主人、读未见书斋主人、听拟轩主人、秋清逸叟、廿止醒人、见独学人、复见心翁、学山海居主人、抱守老人、长梧子、知非子、半恕道人、民山山民、员峤山人、佞宋主人、复斋、独树逸翁、书魔、癸未人、见复生、龟巢老人、小千顷堂主人、荛圃宅人、士礼居主人、承之、六十老人、黄氏仲子，等等。苏州府长洲县（今江苏吴县）人。

黄氏生平别无他好，唯嗜收藏、校勘及刊刻图书，悉心于书，直至终老。有"士礼居"和"百宋一廛"为藏书之所。15岁前，黄氏本居长洲城昭明巷，家有学耕堂、养恬书屋、养恬轩等书斋，收有先辈遗藏。乾隆六十年

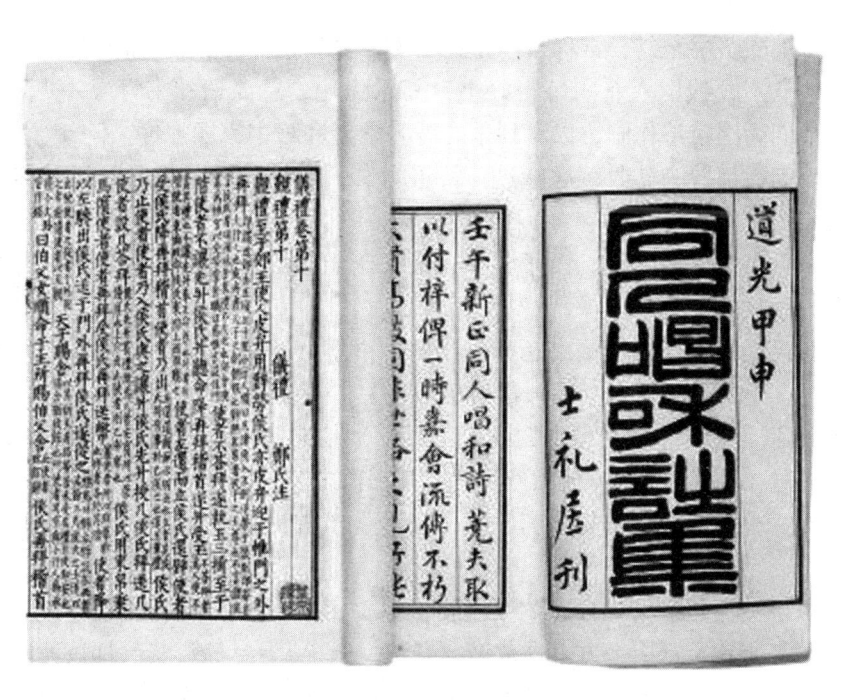

"士礼居"藏书

（1795年），黄氏举家忙于为其父办丧，不慎引起大火，屋宇烧毁大半，由于全力抢救，幸而藏书没有受损。据传，大火正旺时，黄丕烈趴在父亲灵柩上，誓以身殉父，火灭后，藏书完好，人们都说这是其孝心感天的结果。次年（1796年）夏，黄氏迁往洗马巷居住，藏书处仍名学耕堂，又称蜗庐。另有小千顷堂、石泉古居、牧恬轩等书斋也有藏书。嘉庆七年（1802年）冬，再迁往城东县桥巷。大概从居住县桥巷之后，他才把自己的藏书楼命名为士礼居。当年，黄氏有幸搜购到宋代严州（今浙江建德）刻本和宋代景德官刻本《仪礼》两种，欣喜若狂。《仪礼》，又名《士礼》，为记其盛，题其书室为"士礼居"。后来他又把自己几十年求得的一百余种宋版书集于一室收藏，命室名曰"百宋一廛"。廛者，平民之室也。士礼居和百宋一廛是黄丕烈的主要藏书之所，此外，求古居、读未见书斋、陶陶室、复陶室、太白楼、学山海居、红椒山馆（亦作红蕉山馆）、求古精舍等处也有藏书。黄氏收藏图书的盛期，是从他40岁后迁居县桥巷到嘉庆之末他50多岁这一段时期，此后，便接近尾声了。

黄丕烈嗜书至笃，常称自己是"书魔""痴绝""惜书不惜钱"。为了买书，他从不顾钱财衣食。每得好书，其乐无比，总要请知书好友一起欣赏，并要他们为之赋诗作画，以寓其乐。著名学者和藏书家顾抱冲、陈鳣、吴骞、顾广圻等，都曾为其收藏题咏过。每年除夕，他都举行"祭书"活动。沈士元《祭书图说》记述说："黄君绍圃，家多藏书，自嘉庆辛酉至辛未，尝祭书于读未见书斋，后颇止。丙子除夕，又祭于士礼居，前后皆为之图。夫祭之为典，巨且博矣。"

黄氏爱书，不但为藏书题咏、作画、举祭，还以奇书秘典之得命其书斋及字号，他的许多署名、斋号都与藏书有关。他说："余性喜读未见书，故以之名其斋。"（《士礼居藏书题跋记》卷二）他非常喜爱宋版书，顾千里送他一个外号"佞宋主人"，他欣然受之。其书斋之名，如学耕堂、养恬书屋、百宋一廛、求古居、读未见书斋、学山海居、求古精舍等，无不与其嗜书志趣有关。

由于黄丕烈嗜书如命，购书不惜倾家，因此，他收求到的图书也多，其士礼居等所藏，富甲一方。据范锴《花笑厂杂笔》卷三载："吴郡黄荛圃主政丕烈，藏书甚富，宋元版及影抄旧本，无不精善。"他之收藏，光是宋版书就有200种左右，可见其收藏之富。

黄丕烈对校勘学、版本目录学的贡献和成就，主要体现其其对于图书校订及版本鉴定之后留下的大量题跋之中。他每读一书，每校一书，每鉴定一书，必将心得、校订讹误结果、书之来龙去脉、版刻及掌故等写成题跋，有些图书甚至要写下四五篇题识或跋文。他一生为800多种珍善典籍写下了上千篇题跋之作。除士礼居藏书题跋之作而外，黄丕烈在版本目录学上的贡献，还体现于他为后人编撰的《百宋一廛书录》《百宋一廛赋注》《求古居宋本书目》及《所见古书录》四种版本书目之中。《百宋一廛书录》成书于嘉庆八年（1803年），收录了黄氏此前所藏宋版书122种，此目对书之版刻、形制、刊时、刊地、刊者、卷数、行格、全缺、存佚、纸墨及字体等，均有详细著录；对书之收藏、传布源流、藏家姓名、印记及校勘情况，也多有记载，是一部参考价值很高的版本目录。《百宋一廛赋注》是黄氏在顾广圻为其作《百宋一廛赋》基础上加注而成的，成书于嘉庆十年（1805年），计收录宋椠109种，内容与《百宋一廛书录》大体相仿，只是由于著作形式不同而文字上有差异。大约在嘉庆十七年（1812年），他又编撰了《求古居宋本书目》一卷，收宋刻书178种，把前二目之后所收宋版书全部补入此目之中，是士礼居收藏宋版书的总目。他还编了一部《所见古书录》，可惜已亡佚。黄氏在其《百宋一廛书录序》中曾谈及此目的有关情况："十一余年来，究心载籍，欲仿宋人晁、陈两家。辑录一书，系以题识，名曰《所见古书录》。"他在《百宋一廛赋注》中又谈及此目体例："专论各本，以宋椠一、元椠二、毛抄三、旧抄四、杂刻五分列。今宋椠粗就矣。"《所见古书录》书稿曾经由瞿木夫编订为20卷，归陆氏皕宋楼收藏，后来，此目于光绪三十三年（1907年）随皕宋楼古籍一并售于日商，并从此失传。这是我国目录学史上的一大损失。

除书目题跋作品外，黄丕烈尚有《士礼居诗抄》《荛圃言》《邛须集》及《盲史精华》等，后两书已失传。

黄氏不仅收藏丰富，读书治学有成，擅长勘校，而且勤于刊刻，是乾嘉时期著名刻书家。他之所以要大力刻书，不是为了谋利，而是因为深感"秘本不敢自私，当公诸同好"，是"意在流传旧本饷世"，一句话，是为使好书得以流传，为读书人提供图书。他曾计划把所藏宋元善本全部刻印出来。此宏愿虽未实现，但还是尽其所能，刻印了大批好书。仅所刻《士礼居丛书》就包括图书19种，194卷之多。士礼居刻书，版本精善、校勘精审，内容出色，深得世人称誉、喜爱。其刻书，尽量采用善本作底本。对于书版校对，除亲友外，他本人及儿孙一齐上阵，真可谓倾尽全力。凡所刻之书，均有序跋，详之原委、优劣及刊刻缘起、经过，等等。黄氏士礼居刊刻的图书内容实用，颇具研究和参考价值。为了更多地给后人提供资料，黄氏不惜工本，在许多书后都加刻了附录。

黄氏士礼居藏书于嘉庆末年开始散出，至道光之初黄丕烈去世之前已全部散尽，其书多售于汪士钟艺芸书舍收藏。汪氏艺芸书舍藏书散出后，又被常熟瞿镛的铁琴铜剑楼和山东聊城杨以增的海源阁分而得藏。

莫友芝藏书

清代中后期，贵州出了一位全国闻名的大藏书家和目录学家，他就是独山的莫友芝。

莫友芝（1811—1871年），字子偲，别号郘亭，晚年又称眲叟。莫氏先人本为上元（南京）珠市巷人，其远祖于明弘治间从征至都匀并留居。至其高祖莫云衢始迁居独山州定居。其家居独山以北35里的一甲上街（亦称兔场街）上。其父莫与俦，字犹人，一字杰夫，晚号寿民，嘉庆四年（1799年）进士，改翰林院庶吉士，后官四川盐源知县，再改为贵州遵义府学教授。莫与俦学问很好，朴学造诣尤深，为纪昀、洪亮吉所器重。莫友芝随父居遵义住所，与遵义郑珍同窗，学于其父莫与俦。莫友芝刻苦向学，于苍雅、故训、六经、名物、制度无不探讨，而于目录、版本、金石之学则尤为深究，成就非凡，与以经学名家的同窗挚友郑珍都成了名冠西南的大学者。

莫友芝画像

莫友芝于道光十一年（1831年）中举人，此后曾连年去京师应会试，皆不中。道光二十七年（1847年）于京师会试报罢后，到琉璃厂书肆访书，对人侃侃谈论汉学门户，多惊人之语，被逛书肆的曾国藩注意到，十分佩服，便叩其姓名，遂相识，一谈即合，结为朋友，两人情谊很深。后来曾国藩向国子监学正刘菽云推荐莫友芝。咸丰八年（1858年），他被派为知县，但不愿就职。同年六月，他离京到了太湖，进入其好友胡林翼幕府，为其校刻《读史兵略》。不久，胡林翼死去，他又到安庆投入曾国藩幕府十余年。此后，他遍游江淮吴越，结交学者名流，谈书、访书、读书。曾国藩曾委托他到江南一带搜访遗书。他到了湖南，搜集了清初著名学者王夫之的书，刻成了《王船山遗书》。后来，曾国藩于南京设立江南官书局，延请博学之士校勘经史，派莫友芝统领书局事。

格致书院同治四年（1865年），莫友芝曾奉命到扬州、镇江等地搜访文汇阁、文宗阁散逸的《四库全书》，结果是无功而返。同治十年，他再次到扬州、镇江等地搜访《四库全书》，于扬州至兴化途中突发急病而死。莫氏有两个儿子：长子莫彝孙，早逝；次子莫绳孙，官至两淮知府，亦嗜藏书。其从子莫棠，字楚生，也以藏书及目录版本之学闻名。

莫友芝早年家境并不富裕，但还是千方百计搜购图书。他每次进京赴试，都要遍访书肆，搜求古籍。后来他入江南官书局，经常去江浙一带搜访遗书，

第五章 千秋仰止宫墙近——古代私家藏书

有机会来往于一些著名藏家间，见闻更广，收藏亦富。他的藏书主要是在其客居金陵和入主江南官书局后遍历江南搜访到的。

莫友芝的藏书处名曰影山草堂，原是在莫友芝父亲为官贵州独山时于兔场街的翁奇河上所建。因为莫友芝一生的资力并不丰厚，所以影山草堂藏书中珍贵的宋元版本并不很多，其特色是多明本、清抄本和稿本。但是，这些书多为初印本、祖本，不仅是今天，就是在当时来说，也都是稀世珍宝。还有大批仿宋本、聚珍本、精刊本、旧抄本及《四库全书》未收本等，皆为难得之善本书。他的图书都庋存于楠木箱中，共有165箱之多。满堂书箱，箱箱都装满各色图书。

莫友芝去世后，影山草堂藏书为其子莫绳孙递守。大约到了1937—1938年间，莫氏藏书散佚。

莫友芝不仅是一位著名藏书家，还是一位了不起的目录学家。他编撰的《邵亭知见传本书目》和《宋元旧本书经眼录》，是近代著名的目录学著作，学术价值极高，在目录学史上具有很高的地位。

知识链接

"汲冢"

指汲郡（今河南汲县）魏襄王（或谓魏安釐王）墓中所藏古书。据《晋书·束晳传》记："（晋）太康二年（281年），汲郡人不準（人名）盗发魏襄王墓，或言安釐冢，得竹书数十车。……漆书皆科斗字。……束在著作，得观竹书，随疑分释，皆有义证。"这是由古墓出土的一大批传世最古的简册书籍实物，得《穆天子传》等失传古书多种，在学术考古上有重大价值。

李盛铎藏书

李盛铎（1858—1937年），字椒微，号木斋。江西德化（今九江）人。李盛铎出身于封建官僚家庭，书香门第，代传藏书家风。他继承父辈嗜好，从小乐于搜集名家著述，数十年如一日，终成中国近代最负盛名的藏书家。他不仅是藏书家，又是校勘家、版本家、目录学家，对所藏善本，皆逐一批订，或考证著者平生，或品译著述旨趣，或叙述得书经过、收藏源流及版本价值。所写"题要""题识"共1500多条，约15万字，著有《椰轩藏书题证及书录》，编有十多种版本的藏书目录、藏书人表。他死前对藏书进行了初步整理，自编了《木犀轩收藏旧本目》《木犀轩宋本书目》《木犀轩无板书目》。李盛铎家族世代不乏藏书之人。祖父李恕，字卉园，清道光时贡生，喜藏书，曾在江州（九江）谭家坡周濂溪墓侧筑"木犀轩"，藏书几十万卷，后毁于太平天国农民起义战火中。父李明墀（1823—1886年），亦喜藏书、刻书。据《德化李大中丞行状》载，"生平好聚书，廉俸所余辄购置经籍，所藏多至数十万卷，尝刻《范家集略》行世。又念乡先辈陈东浦方伯、吴兰雪刺史乾嘉时负重名，而后裔不振，为重刊诗集以传其人"。李盛铎搜集各家著作汇刻的《木犀轩丛书》即受命于父。

李盛铎受家庭的熏陶，承先代遗风，从小即喜庋藏。他除承袭部分先辈遗书外，还力事广搜博采。李氏藏书多抄本及单行本，其珍贵者，往往逾于宋刻。李氏为官期间，每闻旧书典售，多亲往视，不惜重金购归。遇佳本，价昂而力不能购，便借校、借抄，或令子侄辈抄写以存。宣统三年（1911年）以后，李氏旅居京津，更

李盛铎旧照

时常往来于京津之间各书肆，书贾也时至其家推门求售。当时，许多著名私家藏书流散厂肆，如曲阜孔氏、商丘宋氏、聊城杨氏、宁波范氏、宁波卢氏、巴陵方氏等，其中许多精品亦多归李氏。此外，李氏在出使日本期间，得识日本目录学家岛田翰，因岛田翰之助，曾购获一批国内久佚或流布不广之本以归，其中有几本古活字本、古刻本、古抄本，以朝鲜古刻本尤多。

由于李氏的长期努力，李氏藏书自成体系。就版本而言，不仅包括宋元明清各代的精刻本及抄本、校本、稿本，还包括刊印精美的铜、木活字本及彩色套印本。以装订形式而论，李氏所藏包括梵夹装（经折装）、蝴蝶装、册页装等形式。所收书类及四部，内容十分丰富，其中一些书在书史及版刻史上，都有其特殊的地位，具有很高的学术价值。李氏大量收藏的日本与朝鲜的古刻本，亦自成一格。

李氏藏书数量之多、版本之精、内容之广，都是许多藏书家所不及的。李氏藏书中有300种宋元刻本，很多旧抄本、稿本、批校本及一些日本、朝鲜刻本，最值得称道。李盛铎除以藏书宏富、版本精密知名外，还是近代知名的版本目录学家，并精于校勘。数十年如一日，丹黄不去手，一书一校、而校乃至三四校，不经反复认真考证决不轻下断语，校毕则自写题跋识语。这些文字或叙购书经过，或言版本源流，或记书林逸事，从中不仅可看到他广博的知识、审慎的态度，而且亦为研究利用李氏藏书提供了便利。在近世藏书家中，版本之精，涉及之广，校勘之详者，当首推李氏，即近代精于校勘、富于收藏的傅增湘对他亦执弟子之礼。袁克文也曾拜于李氏门下，学习版本目录之学。

抗战前夕，李氏经济窘困，开始典售藏书。李盛铎逝后，其后人于1939年将李氏遗书绝大部分售与北平伪政府，后这批书交付北京大学图书馆保存。赵万里等著名版本学家，据此编成《北京大学图书馆李氏书目》，从中可知李盛铎所藏之书，共有9087种，8385册，其中名贵罕见本约占1/3以上。其余有一少部分旧藏散佚厂肆。

李氏木犀轩还曾以拥有大量珍贵的敦煌写卷而闻名当世。甘肃敦煌千佛洞之建筑创于后魏，历周、齐、隋、唐，代有增益。其洞内佛龛，每为储藏经典书籍之所，后经洞封闭，世人几不知。清末，甘肃敦煌鸣沙山石室所藏古卷，先后被斯坦因、伯希和盗去其中精华部分，从而引起国内上下朝野人士注意。直至宣统元年（1909年），清政府学部当局，始电咨甘肃有司，将洞中遗留悉数运京。李氏当时利用职权之便，将运至京城残卷中最好的归诸私囊，残余的8 000余卷归于北京图书馆。此事颇遭时人斥责，称之为"劫中之劫"。李氏对此事讳莫如深，从未出以示人，故外人难知其所藏内容。1935年春，李氏以经济之故，欲卖其所藏古卷，乃印成目录一册，借资号召。除佛经外，经史杂著及契约等有关史料者甚多，而《景教经》尤为名贵，远胜学部所藏。终因索值昂贵，国内学术机构欲购不得，被日本人以8万元，捆载东去，流诸异国。与一些千方百计护持国家文化古籍的藏家相比，李氏此举为国人之羞。

叶德辉藏书

叶德辉（1864—1927年），字奂彬，号直山，别号郋园，清湖南湘潭人。

叶家先世为江苏吴江人，到其祖父叶世业因避兵乱才于道光末年移居湖南，故叶德辉好自称为吴人，还曾主持修纂过《吴中叶氏族谱》。叶家原先略有藏书，叶德辉自己则是在光绪十二年（1886年）入京会时，每天到琉璃厂、隆福寺书肆访书而开始了他的藏书生涯。以后无论乡居湖南还是游览京师抑或滞留吴中，他都随时留心收罗。光绪年间湘潭藏书大家袁芳瑛卧雪庐藏书散出，精品多为李盛铎所得。叶德辉在财力和权势上都无法和李盛铎抗争，但收拾残零，所获亦十分可观。以后，叶德辉又在北京购得商丘宋氏纬萧草堂和曲阜孔氏红榈书屋旧藏20箱，至辛亥革命之年，叶氏观古堂藏书已达4000余部、20万卷之多，以后又有所续藏。叶德辉之子叶启倬《观古堂藏书目录跋》曾描述说："家君每岁归来，必有新刻旧本书

叶德辉画像

多橱，充斥廊庑间，检之弥月不能罄，生平好书之癖，虽流离颠沛固不易其常度也。"

叶德辉治学以经学、小学为主，故观古堂所藏颇多此二类之书，尤以清人的经义著述为多；又因为叶氏很欣赏陈文述、舒位所撰《乾嘉诗坛点将录》一书，并有意继起汇辑《乾嘉诗坛点将录诗徵》，故又特别注意搜集乾嘉的诗文集，先后收得一百多家，一一撰写提要，记述作者生平事迹、诗源派别源流等。叶德辉藏书不佞宋，所以他十分推崇张之洞《藏书答问》以清刻为主、不列宋元旧刻的做法，在其名著《书林清话》中也一再批评藏书家们"薄今爱古"的偏弊。他自己的藏书以咸丰二年（1852年）桂馥所刻的《说文解字义证》为镇库之宝，就此可知叶氏的基本藏书观。

叶德辉的藏书目录有《观古堂藏书目录》4卷，是目初编于光绪二十七八年间（1901—1902年），辛亥革命时"避乱县南朱亭乡中，重编此目"，以后陆续修订，1915年刻于观古堂。叶德辉又有《郋园读书志》16卷，是为叶氏的题跋汇录，1928年上海澹园刊，其中第十一至第十四卷为《乾嘉诗坛点将录徵目》。

叶德辉也是清末的大刻书家，曾刻有《观古堂汇刻书》《观古堂所刊书》《丽楼丛书》《双梅景闇丛书》《观古堂书目丛刻》等。叶德辉曾将家藏宋版《南狱总胜集》影摹刊行，据说达到惟妙惟肖的程度，甚至连精于版本的杨守敬也误以为真宋本而不惜高价购置。1935年，叶氏后人就其生前所刊、所著书版片尚存者，汇辑成《郋园全书》129种、200册，以"中国古书刊印社"名义刊行。

叶德辉的著述以《书林清话》影响最大。当时，叶德辉有感于叶昌炽的《藏书纪事诗》以藏书家逸事为主，而无历代版刻及校勘故实，乃别辟蹊径，成《书林清话》十卷，以后又撰成《书林馀话》二卷，1957年古籍出版社出版有合印本，又有1987年中华书局影印本。

观古堂藏书在抗日战争时被其子卖给了日本人，这是我国典籍自皕宋楼后又一次大规模外流，现国内仅零星藏有观古堂旧物数十种。

第三节
斑斑缃帙美九州——藏书楼藏书

"藏书楼"一词，实际上是一种泛指，它实际上是所有古代官方、私人和各类公、私机构收藏图书文献典籍的地方的总称。其建筑形式不一定必须是楼，其名字也不一定以楼命名。纵观古代藏书史可知，早期的藏书建筑均未冠名，而将藏书建筑比较普遍地冠以"阁""楼"等名称的，是明清两代以来的习惯。

藏书楼藏书概述

实际上，一般的读书人家、知识分子，虽然藏书也达到了某种规模，设有专室收藏，但未必都有起造宏大的楼阁专门藏书的经济能力。因此，古代历史上藏书楼除称为某某楼、某某阁外，也多以"堂""轩""馆""亭""台""房""斋""室""舍""洞""屋""居"等为名。只要它的作用是藏书的，就都包括在通常所说的"藏书楼"概念之内。这些藏书场所虽然名称各异，但也有某些共性，体现出古代学者、知识分子、书籍主人的一种共同心理，即这些名称都流露出某种程度的占有性和私密性，都体现了宝藏珍籍、传之久远、秘不示人的心理。无论是皇家贵胄、高官显宦，还是一般知识分子，此种心理概莫能外。

西汉惠帝废除了禁止私人藏书的"挟书律"，正式标志着民间藏书的合法化。从此，有藏书的人才敢于光明正大地公开自己的藏书。汉成帝时，洛阳等地已经出现了"书肆"，即卖书的店铺，而且出现了"以佣书而谋生者"，也就是以书法见长，靠给人抄书谋生的人。这两种事物的出现，标志着当时社会上购书、藏书已成为读书人比较普遍的风气，书籍已经作为商品进入了流通领域，社会需求大大增加。东汉光武帝时期，已出现了私人专门的藏书处所。据记载，当时的曹曾"积石为仓藏书"，具有很好的防火效果，并将藏书处名为"曹氏书仓"。几乎同时的桓谭，在安徽淮北相山也辟有藏书室，称"桓君山藏书处"。东汉初平年间，蔡邕曾将个人藏书六千余卷赠予王粲，仅从六千这个数字来看，可知他的藏书量是相当惊人的。三国时期著名的私人藏书家有"二王"，即王朗和王弼，其中王弼的藏书已达万卷之丰。

唐代科举制度的实施刺激了民间私人藏书的繁荣，而宋代私人藏书的进一步发展则得益于雕版印刷术的兴盛。明清时期更是私人藏书的高峰期，藏书楼的建筑也臻于极致，出现了像范氏天一阁、毛氏汲古阁、钱氏绛云楼、陆氏皕宋楼等著名的藏书楼。

古代的藏书楼，在我国文化发展史上曾经做出了巨大的贡献，它的历史功绩是不可磨灭的。直到今天，虽然藏书楼已辉煌不再，但我们却仍然在承沐着它们的恩泽。

知识链接

"校"和"雠"的区别

在古代，"校"和"雠"是有区别的。"校"是一个人，用两本书边读边对，来发现错误；而"雠"则是两个人对坐，一人读，一人看副本，来发现书中的舛误。从这个词中，正可看出古人修书的认真态度。当然无论是校还是雠，都不是简简单单改正书中错字的问题，还需要通过多书比对，补残正阙，通释典籍，校勘异文。对古代一些因说法模糊不清而无法理解的内容，还要搜检考据，疑古求真，探其原意。这就需要校勘者具备深厚的学养和渊博的知识。

绿雨楼藏书

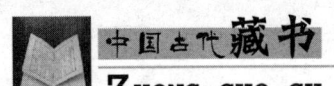

明代北京城内正阳、宣武两门间，有一座高楼，硕柱劲梁，非常壮观。这就是正德年间大藏书家陆深的藏书楼——绿雨楼。

绿雨楼分上下两层。楼下有屋三间，窗朝南开，夏凉冬暖，为主人居室。上层楼东有一室，名曰"素轩"。此室与陆深的书房连接，书房中有一木榻、一茶几、一古琴、一铜香鼎，"左居图，右架史"。书房北面有西窗，窗外巨槐遮荫，夏季高温时，主人尤喜在书房内读书纳凉。上层楼北有一室，名曰"潜室"，取"潜毓德"之义。上层楼的中间一室才是藏书处，名曰"书窟"。"广可五尺，长丈有咫，穴北壁以取明，杂藏书三千卷，斯楼之大观云。"书窟与素轩间，另有二小屋，供主人接待宾客之用。屋外连接露台，可远眺山水，可坐玩赏月，主人常在这里把酒吟诗。

陆深（1477—1544年），字子渊，号俨山，华亭（今上海松江）人。

陆深幼迷藏书，"每事收藏节衣食"。收藏之不易，使陆深对自己的藏书分外珍惜。他把其绿雨楼藏书编成了《文裕江东藏书目录》。该目录把绿雨楼藏书分为十三类：十三经第一，理性第二，史第三，古书第四，诸子第五，文集第六，诗集第七，类书第八，杂史第九，诸志第十，韵书第十一，小学医药第十二，杂流第十三。陆深把小学医药合为一类，这种编目方式罕见。他自述其理由："不幼教者不懋成，不早医者不速起，其道一也。"此亦一家之言，颇为奇特。

陆深不仅历尽艰难收藏图书，还出资刻书，以广流传。他曾于浦东老家刊刻过《痘疹论》等书。他刻书非常认真，一重校勘，精选底本；二重刻工，精择良匠。他曾亲自校勘《嵇中散集》《麈史》诸书，以保证刻书质量。

陆深一生读书很多，见识甚广，尤通晓典故。他读书多写题跋，品评得失，所作题跋往往有感而发，切中要点。陆深还是一位大作家，著述甚多，有《俨山集》100卷、《俨山外集》40卷、《俨山续集》10卷等。其中诗赋、传记、辨文、笔记、杂志、碑帖、序跋各种体裁俱备，内容也涉及经史子集各类。陆深著述丰富且雅正，在明代藏书家中名列前茅。

万卷楼藏书

明代中叶，山东章丘有一座藏书楼，名万卷楼，其藏书富甲齐东，名盖全国。万卷楼的主人是著名文学家、剧作家、藏书家李开先。

李开先（1502—1568年），字伯华，号中麓，自号中麓子、中麓山人、中麓放客。山东章丘人。李开先不仅藏书富甲一方，而且以诗文、散曲见称，同王慎中、唐顺之、熊过、陈束、赵时春、任瀚、吕高等并称"嘉靖八才子"。

清代著名藏书家钱曾的《读书敏求记》称："近代藏书家推章丘李氏、金陵焦氏。"朱彝尊《静志居诗话》有云："中麓最为好事，藏书之富甲于齐东。"李开先藏书概况由此可见。

李开先曾撰有《李中麓书目》，可惜失传。汲古阁主人毛晋之子毛扆季跋《新刊张小山北曲联乐府》云："章丘李中麓开先，晓音律，善作词，最爱张小山，谓其超出尘俗。其家藏词山曲海不下千卷。"李开先在《藏书万卷楼记》中说："藏书不啻万卷，止以万卷名楼。以四库胪类不尽，乃仿刘氏《七略》分而藏之。楼独藏经学时务，总之不下万卷，余置别所凡五。"从以上记载中，我们不难看出李开先藏书的规模及特色。李开先将所收图书分开收藏，原意在保护图书，免遭不测，却正好说明了其藏书之富宏。仅词曲类的图书，李开先就收藏不下千卷，这是南方许多藏书家都望尘莫及的。

万卷楼的藏书完整保存了一百多年，明末清初开始散出，经过明末清初的社会动乱，已散失殆尽。李开先在《张小山小令后序》中曾云："既登仕籍，书可广求矣。"然其毕生心血所搜求的大量藏书，最后仍然逃脱不了散失的命运。

李开先画像

天一阁藏书

在浙江宁波月湖西南的绿树深处,有一座国内现存最古老的藏书楼,这就是闻名遐迩的天一阁。尽管中国3000年前就有了国家藏书机构,各个朝代也都有私人藏书楼,但历经几百年的沧桑而流传至今的,在中国图书馆史上只有天一阁,这在世界图书馆史上也是罕见的。

天一阁藏书楼以其丰富的古典秘籍和深邃的藏书文化,吸引了莘莘学子前去探寻知识的奥秘,也吸引了数以万计中外学者争相叩启这座文献宝库的大门。著名学者余秋雨曾感叹道:"不错,它只是一个藏书楼,但它实际上已成为一种极端艰难,又极端悲怆的文化奇迹。"(《风雨天一阁》)

天一阁博物馆的范氏厅堂里挂着创始人范钦的肖像画:端庄的坐姿,连鬓的胡子,却长着纤细的指尖。范钦(1506—1585年),字尧卿,又字安卿,号东明,浙江鄞县人。

天一阁

范钦藏书处原名东明草堂，随着藏书的增加，原藏书处不堪容纳，便在其住宅东面重建一座藏书楼。建楼的时间大约在明嘉靖四十年（1561年）至四十五年（1566年）之间。天一阁命名的由来，据清代学者全祖望《天一阁碑目记》称：建阁之初，范钦曾在阁下凿一池塘。而当时，他正巧搜集到吴道士"龙虎山天一池"石刻，是元揭文安公所书。范钦大喜，认为正与筑阁凿池之意相合，即以"天一"为阁名。

天一阁藏书楼的格局，是由范钦亲自设计的。楼的主体建筑为木结构六开间二层楼房，坐北朝南，前后开窗。楼上为一大统间，中间用书橱隔为六阁，书籍就放在橱里。楼的正中悬有明隆庆五年（1571年）郡守王原相所书"宝书楼"匾额。楼下并列六间，当中三间品阁连在一起，作为中厅，两旁悬挂着文人学士题写的楹联。其中，两副楹联寓意精确："人间庋阁足千古，天下藏书此一家"；"十万卷签题缃帙斑斑，笑篆竹、绛云之未博；三年清秘祥光昺昺，接东楼、碧沚以非遥"。

天一阁整体结构为"上一下六"，隐含"天一""地六"，取《易经》中"天一生水，地六成之"的观念，寓意以水克火，保护藏书及建筑。

今日天一阁，前为天一池，中为天一阁藏书楼，后为尊经阁、明州碑林和仿古新书库，三处连为一线，中有卵石小径与天一阁藏书楼相通，周围种植兰桂，满园清香，江南园林清逸秀润的风貌依旧。天一阁藏书楼的建造规制闻名于世，乃至清代得到乾隆皇帝的赏识，由此成为修建清代皇家藏书楼，即著名的清代"七阁"——文渊阁、文津阁、文溯阁、文源阁、文宗阁、文汇阁、文澜阁的样板。

天一阁藏书是范钦耗尽毕生心血的结晶。他购求图书的途径，一是购入本邑丰坊（又名道生）万卷楼及袁忠彻静思斋的藏书，二是与当时学者、藏书家王世贞、丰坊等相约互抄之书，而更主要的是他孜孜不倦搜寻之书。范钦仕宦大江南北二十余年，每到一地都以觅书为乐，尤其喜欢收集当代地方史志、政书。这样日积月累，天一阁的藏书达五万余卷。《茶余客话》称其"喜购旧本，两浙藏书以天一阁为第一"。

天一阁藏书不但丰富，而且藏书的特色及价值在中国古代文化遗产保存史上占据重要的地位。文人墨客盛赞为"斑斑缃帙美九州"。

天一阁藏书主要是宋元以来的刊本、稿本、抄本，而以明刻本为主。其中最多的是明代地方志书和政书。范钦多年仕宦在外，足迹遍布全国，这为

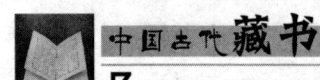

他全面收集明代地方志提供了条件。据长期从事天一阁研究的骆兆平先生考察，天一阁原藏省、府、州、县志有435种，比《明史·艺文志》著录的还多，时至今日尚存271种，仍然是我国收藏明代地方志最多的图书馆。其中172种为各地纂修方志现存最早的志书。有164种在《中国地方志联合目录》和《台湾公藏方志联合目录》中均属仅见之本。天一阁是收藏明代地方志书的宝库。

我国历代科举考试文献，以明代保存最完整，而现存明代科举录的80%收藏在天一阁。据阮元编《天一阁书目》反映，其藏明代进士登科录68册，会试录62册，乡试录297册，武举录33册，共计460册。天一阁收藏的万历十一年（1583年）以前的明代登科录基本是完整的。目前，天一阁尚存明代科举录370种，其中绝大部分为海内孤本。天一阁所藏历代科举录珍籍是研究我国科举制度和明代历史人物的瑰宝。

范钦及其后人，经历了世纪风雨，仍能世守陈编，使天一阁藏书宝库继续增辉。

乾隆三十八年（1773年），天一阁进呈602种珍贵典籍作四库底本，得到乾隆皇帝的"恩赏"。从此，在这座民间藏书楼里，增入了宫廷文物。乾隆三十九年（1774年），乾隆皇帝赐《古今图书集成》一部，后又赐十八世纪绘画《平定回部得胜图》《平定两金川战图》各一套。

天一阁以其丰富的文献宝藏和经典的建造模式，雄踞世界四百余年，令世人叹为观止。黄宗羲在《天一阁藏书记》中，充满赞佩之情地说："尝叹读书难，藏书尤难，藏之久而不散，则难之难矣。"

知识链接

御赐《古今图书集成》与《平定回部得胜图》

《古今图书集成》是我国现存的最大的一部类书，全书10000卷，目录40卷，共约1.6亿字，汇集我国古代社会科学、自然科学和应用技术的各个门类的资料。学者张廷玉认为该书贯穿古今,包罗万象,"诚册府之巨观,为群书之渊海"。直到今天,其仍有重要的文献价值和研究参考价值。天一阁所藏的是毛装本,保持着初印时的风貌,印刷精良,插图尤其精美,为海内珍本。

《平定回部得胜图》全图共16帧,是历史之画卷,艺术之精品。卷首有乾隆皇帝亲制序文,卷末刻有于敏中等大臣集体撰写的跋文。图中描绘清朝乾隆年间平定新疆准噶尔部和回部上层贵族叛乱集团的战争,歌颂了我国多民族国家的团结和统一。这套组画是极为精致名贵的铜版画,是在法兰西皇家艺术院长马利尼侯爵的指导下,由名手制成的。版画的作者是清宫廷画家意大利传教士郎士宁。16帧画页,每帧都留有乾隆皇帝的诗文墨迹,并钤有"乾隆宸翰"等印章,是稀世珍宝。

小酉馆藏书

王世贞(1526—1590年),字元美,号凤洲,又号弇州山人,居所在江苏太仓鼓楼铺,出身于家学渊博的官宦之家,加之天资过人,自幼便显示出不凡的才华。王世贞从小就以读书为乐,十八岁便开始了诗歌创作。他博览群书,学识渊博,笔耕不辍,成为明代文坛"后七子"的领袖人物,独主文坛二十年。在其身后200多年中,论著述之富,很少有人能与他相比。其著作有《弇州山人四部稿》174卷、《续稿》207卷、《艺苑卮言》《读书后》《鸣凤记》等。

王世贞的一生是求学治学的一生,也是求书的一生。他从小以书为乐,每遇好书,必定要设法得到,否则会寝食不安。成年后,仕宦在外,每到一地,他总把搜求异书放在首位,日积月累而藏书充栋。其藏书的规模和求书的痴迷都在文坛留下佳话。

为了收藏好图书,王世贞在他居住的庄园内修建了三处藏书楼。庄园名为"弇山园"。相传弇州之山是神仙的居住之地，五彩之鸟的栖息之所，王世贞取庄园名为"弇山园"，这与他当时"才最高，地座最显，声华意气，笼罩海内"的文坛领袖地位是相一致的。他所建的三处藏书楼为小酉馆、尔雅楼和九友斋。

小酉馆位于弇山园凉风堂之后，藏书3万多卷，是王世贞数十年集书的主要部分。尔雅楼前有一泓池水，池畔竖立着书法大家米芾所书的"墨池"二字碑碣。尔雅楼藏书丰富，王氏所购《周易》《礼经》《毛诗》《左传》《史记》《三国志》《唐书》之类尽藏其中，超过3000卷，皆宋版精绝之书，还有"墓铭、朝报，积之如山"。而九友斋则收藏精善难得之秘本，如"以庄园易之"的《两汉书》。王世贞称此书"诸本之冠……桑皮纸白洁如玉。四旁宽广，字大者如钱，有欧柳笔法，细书丝发肤致，墨色精纯"。王世贞

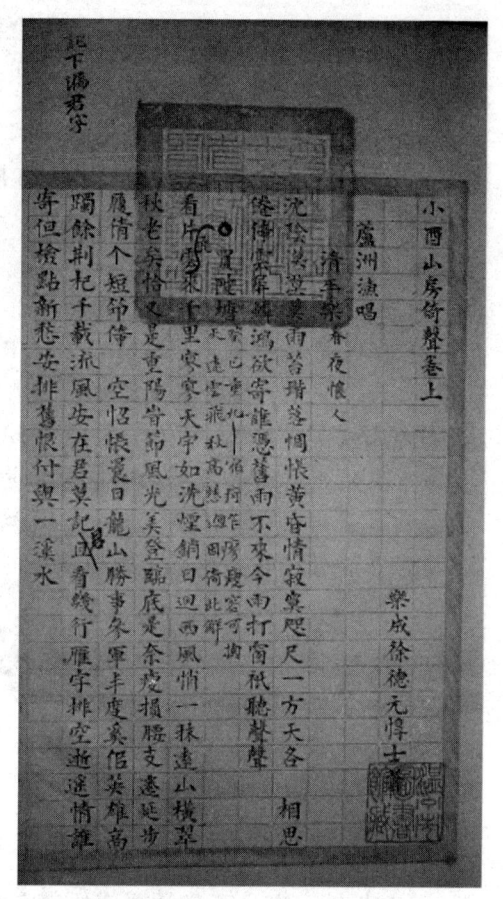

《小酉山房倚声》书影

的藏书数量之多，版刻之精绝，在明末藏书家中是不多见的。

王世贞藏书没有编目。在藏书管理方面，据说藏书楼中有一老仆，十分熟悉家藏，主人需要什么书，甚至是某书、某卷、某页、某字，往往话音刚落，老仆马上能找到。熟练至此，令人惊叹。由此推论，老仆之学问，亦非常人可比。王世贞谢世后，其子王士骐致力于访求父作及收集小酉馆散失之藏书，曾于货郎担中遇其父所作《读书后》，以重金购回，刻版刊行，使之广为传播。王士骐后，其子孙没有把王氏藏书守住，小酉馆的藏书不到50年就全部散归他姓了。

第五章　千秋仰止宫墙近——古代私家藏书

知识链接

得一奇书失一庄

　　清代学者叶昌炽曾为王世贞赋诗云："得一奇书失一庄，团焦犹恋旧青箱。"(《藏书纪事诗》)说的是万历年间，王世贞任南京刑部尚书之职，当时他的藏书已有相当的规模，但恋书的嗜好仍使他孜孜以求。一次，他遇到一位书商在出售宋版《两汉书》，该书不但版刻精良，而且装帧十分讲究，令他爱不释手。书商要价很高，他一时没有足够的现金购买，又担心如此好书为他人所得，情急之下，便用一座庄园换取了《两汉书》。欣喜之余，王世贞还在《六臣注文选》中，对这本书做了记载："此本缮刻极精，纸用澄心堂，墨用奚氏。旧为赵承旨所藏。往见于同年朱太史家，几欲夺之，义不可而止。太史物故，有客持以见售，余束身团焦，五体外无长物。前所得《汉书》已不复置几头，宁更购此，因题而归之。"

　　在中国藏书史上，嗜书者众多，舍财求书、典衣求书、以物求书的不乏其人，而痴迷到不惜以一座庄园换一部书的程度，恐怕仅此王世贞一人吧。

脉望馆藏书

　　江苏常熟西北有座名山叫虞山。山上苍松翠竹，清涧奇石，风景秀丽。这座山形同卧牛，南临尚湖，东端伸入城中，旧有"十里青山牛入城"之称。就在山脚下的虞山镇南，至今仍完整地保存着明万历年间的藏书楼，名为"脉望馆"。此藏书楼是明末著名的藏书家赵琦美父子兴建的。楼名"脉望馆"典出唐段成式《酉阳杂俎续集》二《支诺皋》："据《仙经》曰：蠹鱼三食神仙字，则化为此物，名曰脉望。"又取明童冀《尚絅斋集》四《赠医者》诗"雨荒苔巷夫须合，日上芸窗脉望飞"之义，表现了藏书楼的主人对文献

赵用贤，赵琦美故居（脉望馆）

典籍的痴爱和崇尚之情。

　　赵琦美（1563—1624年），原名赵开美，字玄度，又字如白，号清常道人。其父赵用贤（1535—1596年），字汝师，号定宇。赵用贤自成人后，立志搜求古籍，决心为保存文化、传播文化奋斗一生。他孜孜不倦地求书、校书、刻书，为脉望馆丰富的藏书奠定基础。他编制的《赵定宇书目》，是明代遗留下来有限的几部目录之一，对于研究当时的古籍很有参考价值。长子赵琦美青出于蓝而胜于蓝，不但继承了父业，而且在藏书方面的成绩和声誉超过了他的父亲。

　　脉望馆是明末常熟地区三大著名藏书楼之一，以其藏书的丰富而"雄视江南"。钱曾《也是园书目后序》云："玄度收藏数千卷，二酉五车，斯架塞屋，临老乃发无书之叹。非无书也，即挂一漏万之意也旨哉。"又据《脉望馆书目》的著录，该馆收藏的图书近5000种，2万多册。由此可见，脉望馆的藏书是十分丰富的。

第五章 千秋仰止宫墙近——古代私家藏书

脉望馆的藏书不但数量多，而且价值高。赵琦美收藏了大量的珍本秘籍。如《劳山仙迹诗》1卷，至今仍为精绝之帙。又如《东皋子集》3卷，其书乃今世罕传。特别是所藏的《脉望馆抄校本古今杂剧》，更是海内孤本，惊人秘籍。

脉望馆藏书的丰富和版本的精绝，来源于赵琦美求书的广采博收和校勘、刻书的专勤与严谨，以及明末常熟一带的藏书、校勘之风。

赵氏收藏图书广采博收，"刊编啮翰，断碑残甓，梯航访求"。杨守敬《日本访书志》卷八载明刊本《酉阳杂俎续集》赵琦美序，云："美每从吴门过，必于书摊子上觅书一遍"，遇到好书，便"以铢金易归"。他出身官宦之家，本人又是刑部郎中，有丰厚的俸禄和家财用于购书。可贵的是，他虽身为贵少，但"布衣恶食，无绮纨膏粱之色"，省下钱来买书。这些为他藏书奠定了雄厚的经济基础。出资购买的书籍占脉望馆藏书的绝大部分，另一部分藏书，是由赵琦美亲自抄录或刊刻的；刊刻的书和抄本是脉望馆藏书中极其珍贵的一部分。

赵琦美校勘图书的勤奋和严谨，也成为书林佳话。明末清初著名的藏书家钱益谦赞叹道："朱黄雠校，移日分夜，穷老尽气，好之之笃挚，与读之之专勤，盖近古所未有也。"一次，他买到一部由吴琯私刻的五卷本《洛阳伽蓝记》，刊刻极差，且漏误很多。他便先后买来四种抄本同那部私刻本对勘，改正了刻本中488处错字和320个衍入或脱漏的字。过几年，他又买到旧刻本《洛阳伽蓝记》，重新同那部私刻本对勘，又改正了私刻中的五十多处错误。经过八年精审校勘，硬把一部不堪卒读的刻本变成了善本。另一次，他从旧书铺里买到李诫《营造法式》残帙一部，其中缺少十几卷书。为了补全这部书，他四处访寻，先从一书商手里购得残本三册，后又从国家秘阁书库借抄此书，但阁本也缺六七卷。赵琦美毫不气馁，仍孜孜寻访。经过了20多年的努力，最终补齐了全书。8年校勘一善本，20年补齐一珍帙，这其中包含着多少的艰辛和赤诚！

赵琦美还十分重视刻书。据统计，他刊刻的图书有36种126卷。这些刊刻图书的内容十分丰富，既有史书，又有文集；既有天文历算书，又有医学书籍。如现存的东汉张仲景撰的《伤寒论》10卷，就是赵琦美根据宋刻本翻印的；而西汉初编撰的《周髀算经》2卷，现存的最早版本也是赵琦美的刻本。

赵琦美不仅收藏、校勘、刻印图书，还利用丰富的藏书进行研究工作，撰写了不少著作，主要有《洪武圣政记》32 卷、《伪吴杂记》3 卷、《容台小草》1 卷、《脉望馆书目》8 卷等。《脉望馆书目》是明末少有的一部目录学著作。书目按家藏图书的存放位置加以登录分类，首先把藏书分为 30 号，按千字文排列，从"天地玄黄"到"吕"为止，然后分经、史、子、集、不全宋元版书（残缺本）、旧版书、佛经、墨刻等 200 个子目。子目设置详细，极方便检索。这部书目，不但著录不少俗文学图书，而且还收录了《几何原本》《泰西水法》等 7 种西方传教士译著的书籍，很有参考价值。

脉望馆的藏书，在中国藏书史上还不能称为"最大家"，但它在明末开一代藏书、校勘之风，为后人树立了榜样。赵琦美为我国古代图书的收藏、整理、研究、传播等方面做出了较大的贡献。

知识链接

《脉望馆抄校本古今杂剧》的重新问世

关于这部秘籍的重新面世，在中国藏书史上曾留下一段珍闻。抗日战争时期，大文献家郑振铎曾以"文献保存同志会"的名义为政府收集古籍善本，抢救中国古代典籍。八年中，陆续抢救到诸如瞿氏铁琴铜剑楼、刘氏嘉业堂等的旧籍。其高潮是买到明赵琦美《脉望馆抄校本古今杂剧》，它包括三百四十种（据钱曾《也是园书目》）元明杂剧，经钱谦益、钱曾、黄丕烈等多人递藏，至购书时仅存二百四十二种。民国二十七年（1938）五月，《脉望馆抄校本古今杂剧》散落苏州市肆。郑振铎得知后惊喜万分，说："几乎使永不曾失过眠的我，第一次失眠。这兴奋，几与克复一座名城无殊！"但好事多磨，就在郑振铎筹款准备从书商唐某处购其所藏三十余册时，却为古董商孙伯渊先一步购得，与其所藏的三十余册合为六十四册，成为全璧，且"待价而沽，所望甚奢，且声言此时决不出售"。郑振铎的失望之情"像熊熊火红的热铁突然抛入水中一样"，"惟一的希望是，此国宝

第五章 千秋仰止宫墙近——古代私家藏书

不至出国",并发誓"任用多少的力量与金钱都不计,必有办法可以得到它!"后经再三联系、反复议价,古董商限二十日以九千金取书,郑振铎四处奔走向人告贷,终依期购归此书。郑振铎对此书评价极高,认为此书是"宏伟丰富的宝库","不仅在中国戏剧史上是一个奇迹","而且在中国历史、社会史、经济史、文化史上也是一个最可惊人的整批重要资料的加入"(郑振铎《跋脉望馆抄校本古今杂剧》)。

《脉望馆抄校本古今杂剧》的重新问世,被学术界视为仅次于敦煌卷子、居延汉简、内阁大库档案,可见其价值的重大。

汲古阁藏书

明末清初,常熟七星桥畔,曾有一座藏书楼,叫"汲古阁"。汲古阁的主人是明末著名的藏书家、大出版家毛晋。毛晋的汲古阁藏书楼极富特色,它不仅以富藏宋元秘籍而闻名于世,还以刊刻流布珍帙而彪炳史册。著名学者顾廷龙盛赞汲古阁"藏书震海内,雕椠布环宇,经史百家,秘籍琳琅,有功艺林,诚非浅鲜"(《明代版刻图录初编》卷七)。至今,汲古阁"毛抄本""毛刻本"仍为人们所称颂。

毛晋(1599—1659年),初名凤苞,字子久,后更名晋,字子晋,号潜在,晚号隐湖,江苏常熟人。毛晋少为诸生,通明好古,博闻强记。曾拜师于著名学者、藏书家钱谦益,得到他的言传身教。但仕途不顺,屡试不中,终身为布衣,以书为业。

毛晋一生,性无他嗜,唯书是癖,以至"于书无所不窥,闻一奇书,旁搜冥求,不限远近,期必得之为快"(王象晋《汲古阁书跋序》),而且又"负泥古之癖,凡人有未见书,百方购访,如绲海凿山以求宝藏"(陈继儒《隐湖题跋叙》),不遗余力。其父是当地乡绅,有田数千亩,质库若干所,为他嗜书、购书提供了优裕的条件。为了购求善本珍籍,他曾在家门口贴一榜书："有以宋椠本至者，门内主人计叶酬钱，每叶出二佰；有以旧抄本至者，每叶出四十；有以时下善本至者，别家出一仟，主人出一仟二佰。"由于价格优厚，书商们闻风而至，毛家门庭若市。一时间，湖州贩书的船舶纷至沓来，往来穿梭于七星桥畔。据《同治苏州府志》载，当时常熟一带曾流传民谚："三百六十行生意，不如鬻书于毛氏。"毛晋"搜求遗佚悬金购"的美谈成为书林佳话。释苍雪《南来堂诗集·赋赠毛子晋壬午赴试南闱》诗云："千金万金置田屋，谁见挥金买书读？世皆贵金不贵书，书价安知倍不足。"

除了重金购书之外，借抄他人之善本，亦是毛晋觅书的另一途径。当时常熟私家抄书有30余户，唯毛氏抄书与众不同。一是规模较大。毛晋之子毛扆在《五经文字跋》中说，当时家中有抄书工匠200名，书林曾有"家蓄奴婢二千指，入门童仆尽抄书"之说。二是抄本精良。毛晋挑选匠中善者，用好纸佳墨，采用影写的方法抄宋版书，简称"影宋抄"，这是毛晋的一大发明。其方法是将薄纸覆于宋本书页上，按其行款、字体、版式，照样摹写，保持宋椠原来风貌。其影抄之书，纸白如玉，墨光如漆，界栏似发，边档像带，字体均匀，无大小粗细之现象，可谓精美绝伦，与原刊酷似。世人称其为"毛抄本"，并盛赞："汲古阁印宋精抄，古今绝作。"（孙从添《藏书纪要》）

经过数十年殚精搜索，毛晋藏书最多时，达到84000余册。为了收藏其充栋之秘帙，他在隐湖七星桥畔，修建了汲古阁藏书楼，后又建目耕楼。汲古阁的规模及其藏书特色，陈瑚在《为毛潜在隐君乞言小传》中曾这样描述："江南藏书之富，自玉峰篆竹堂、娄东万卷楼后，近屈指海虞。然庚寅十月，绛云不戒于火，而岿然独存者，惟毛氏汲古阁。登其阁者，如入龙宫蛟肆，既怖急，又踊跃焉。其制上下三楹，始子讫亥，分十二架，中藏四库书及释、道两藏，皆南北宋内府所遗，纸理缜滑，墨光腾剡，又有金元人本，多好事家所未见"，阁内所藏"非宋之绣梓不在列焉"。毛晋的朋友李清，在参观了汲古阁藏书楼后，撰文称："子晋家藏诸

《汲古阁礼记》书影

140

秘，余目击十三经、十七史宋本，又《册府元龟》与《文选》诸宋本，森列邺架。"（《汲古阁观书记》）汲古阁所藏宋元之善本，皆钤以"宋本""元本"椭圆形印章区别之，又以"甲"字钤于卷首。其藏书皆盖有藏书印，如"毛晋秘箧审定真迹""毛氏藏书""汲古阁世宝"，等等。最有意义的是一方朱文大印，印文取元代赵孟頫在藏书卷后书："吾家业儒，辛勤置书，以遗子孙，其志何如？后人不读，将至于鬻，颓其家声，不如禽犊！若归他室，当念斯言，取非其有，无宁舍旃。"印文的内容，表达了书的主人告诫子孙世守陈编的殷殷之情。

毛晋汲古阁藏秘籍，不仅仅为收藏而收藏，而且是"以藏而以刊"，刊刻珍本"使宋椠之无传者，赖以传之不朽"。

毛晋有功于书林至巨者，还在于汲古阁的刻书。

早期，毛晋以"绿君亭"和"世美堂"的名义刊行图书，汲古阁建成后，即以"汲古阁"的名义大量刊刻典籍。毛晋刻书40余年，共刊梓600种书帙，积书板109000余片。汲古阁藏书楼刻书的规模和数量，在私家刻书中实属罕见。汲古阁有固定刻工20名，有装修齐备的偌大工场，有数量可观的能工巧匠，汲古阁俨然为一个出版作坊。

毛晋刊行书籍数量很多，内容包罗万象。仅明天启四年（1624年）至崇祯六年（1633年）的9年中，汲古阁刻书竟达200种以上。其内容，"自五经、十七史，以及诗词曲本，唐宋元金别集，稗官小说，靡不发雕"。其中最著名的有十三经、十七史、《津逮秘书》《六十种曲》，所刻《宋六十家词》开汇刻词集的先例。

毛晋刻书讲求质量。首先，慎选底本，所刻之书多为宋版元刊，珍善秘帙；其次，精审校勘，毛氏父子亲自参加，并高薪延聘周砚农等名手校勘书稿和书写版样。毛晋学识渊博，治学严谨，又善诗文，他既是著述家，又是鉴赏家和版本学家。他经常从诸家藏书中借来多种版本，加以比较，"手翻诸部，雠其讹谬"，"补其遗亡，即蛛丝鼠琅，风雨润湿之靡收者，一一整顿之，雕版流通，附以小跋"。明末学者陈继儒赞叹其为："胸中有全书，故本末具有脉络；眼中有真鉴，故真赝不爽秋毫。"（《隐湖题跋叙》）其子亦耽于校雠，比勘图书，一丝不苟。学者称赞他们所校勘过的书籍与"真本无毫发之异"。为了提高刻书质量，毛晋亲自为"毛刻书"撰写了249篇题跋，或考其源流，或辨其真伪，或提要玄，为读者阅读指示门径，具有很高的学术价值。

后毛晋将其中 125 篇汇为一书，名为《隐湖题跋》。为了保证印刷质量，毛氏"鸠集良工，从事雕镌"，不惜代价定造佳纸。《常昭合志稿》云：毛氏"所用纸，岁从江西特造之，厚者曰'毛边'，薄者曰'毛太'，至今犹名不绝"。汲古阁装订书面，采用宋笺藏经纸，宣德纸染雅色，自制成古色纸。毛氏刻书，佳纸优墨，加之精工细雕，版式宽敞，字体整齐悦目，其精美绝伦。

汲古阁的刻书除阁内收藏外，还多次印刷，广销大江南北，"天下购善本者，必望走隐湖毛氏"。一时间，天下书商往返于七星桥，"载箱之盛，近古所没有"。"毛氏之书走天下"的美谈闻名遐迩。毛氏刻书对保存和传播古代文化起了极大的促进作用。毛晋与汲古阁也因此名声大振，成为明末最有特色的藏书楼。历代文人学士曾赋诗赞其云："高阁藏书拥百城，主人匡坐校雠精。名传海外鸡林识，学重都门虎观惊。"（陆世仪《桴亭诗集·赠毛子晋》）又《静志居诗话》云：毛子晋版刻古代典籍，"公诸海内，其有功于艺苑甚巨"。

毛晋死后，毛家很快衰败。汲古阁所藏宋元善本归于泰州季振宜，后转归徐乾学的传是楼。书板亦被后人转卖或毁坏。据《汲古阁刻板存亡考》载："相传毛子晋有一孙，性嗜茗饮，购得洞庭山碧螺春茶、虞山玉蟹泉水，患无美薪，因顾四唐人集板而叹曰：'以此作薪，其味当倍佳也。'遂按日劈烧之。"清学者叶昌炽作诗，斥毛氏子孙的颓败："只因玉蟹泉香冽，满架薪材煮石铫。"（《藏书纪事诗》）

曝书亭藏书

朱彝尊（1629—1709 年），字锡鬯，号竹垞，又号金风亭长，晚号小长芦钓鱼师，浙江秀水（今浙江嘉兴）梅会里人。朱彝尊在文学上的成就颇高，与王士贞并称为"南朱北王"，同为文坛领袖。他在词学和诗歌方面，被后人奉为浙派诗和浙西词派的开山鼻祖。朱氏一生著述颇丰，主要有《曝书亭集》80 卷、《曝书亭词》7 卷、《日下旧闻》42 卷、《经义考》300 卷等。

朱彝尊嗜书、爱书几近痴狂，为求书而终身奔波。他的藏书活动始自青年时代，历时 60 余年。因为朱氏学问渊博、名气很大，不少名门争相聘其做幕僚，使他青年时代就云游四方。这期间，他的足迹几乎遍及大半个中国，北到内蒙古、河北、山西一带，南到两广、云南等地，东至山东沿海、江浙诸地，所到之处，便以访求图书为乐。一次，他在南昌书肆购得五箱图书，

第五章 千秋仰止宫墙近——古代私家藏书

携归贮满一书柜,由此开始了他自己的藏书生涯。不料,此后不久,清政府大兴文字狱,牵连甚广。朱彝尊家人唯恐遭到株连,遂将藏书中涉及明末史事的书籍尽相焚弃,损失图书甚多。但他并没有因此放弃收书之心,依然游访于城乡、庙寺、街衢书肆,四处搜求图书。又有一次,他偶然遇到明代著名藏书家项笃寿之子,听说其家衰败,项氏藏书已外散,便急忙赶往讨购,以20万金的高价买下了项氏万卷楼全部旧藏残帙。朱彝尊做了

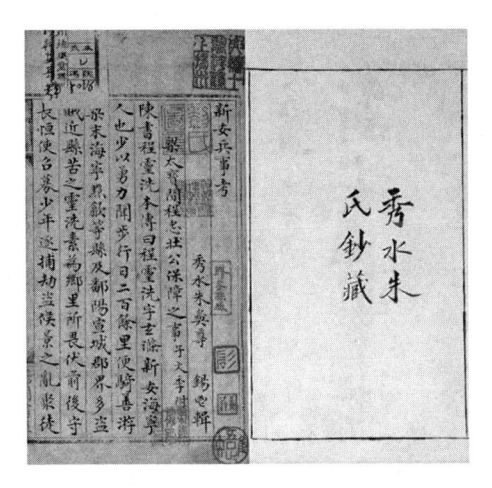

朱彝尊抄本《新安兵事考》内页

翰林院检讨后,其所得俸禄也几乎全用于搜求图书。

朱彝尊不仅购书,更酷爱抄书。在京为官时,他身边总带着一位善于楷书的小吏为他抄书。康熙十八年(1679年),朱氏任翰林院检讨,参加纂修《明史》。他利用能进入史馆之便,携楷书手王纶,见四方呈进之书、史馆所藏之书,随时私下抄录成副本存之。此事后被掌院学士牛钮形等人告发,以"漏泄罪"被撤去了翰林的官职。朱彝尊不惜丢官为藏书的故事,被书林传为佳话,当时人们反誉他为"美贬"。

经过几十年的辛勤采访、抄录,到康熙三十一年(1692年)乞假归里时,朱彝尊藏书已达3万余卷。为了收藏这些书,他在秀水梅会里老家构筑藏书楼,名为"曝书亭"和"潜采堂"。朱家的故居很气派,有厅堂楼阁、小桥池水与花园。朱彝尊自述:"池南有亭曰曝书,既曝而藏诸,因著于录。"就是说,曝书亭既是藏书之所,也是晒书之处。归老后的朱彝尊仍潜心于治学藏书,江浙一带的藏书楼和书肆几乎都留下了他购书、录书的足迹。曝书亭的藏书很快就达到了8万余卷,雄居清初江南一带藏书楼之首。

朱彝尊隐居后,每日坐拥书城读书治学,他将曝书亭的藏书整理编次,拟编撰藏书全目,可惜没有完成。现传世的有《竹垞行笈书目》一卷,收书700余种;《曝书亭书目》1卷,收书也只有2400余种,非曝书亭藏书之全目。而他对藏书事业做出的最大贡献,则是编撰了卷帙浩大的专科版本目录学佳作——《经义考》。

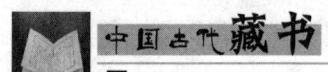

《经义考》原名《经义存亡考》，是朱彝尊将孔子以来人们所诵习的经书，以及历代学者诠解经书的著作，仿元代马端临《文献通考·经籍考》体例编撰而成。该书是以书名为纲，凡历代所著录的说经之书，先著其卷数、著者或注疏者，考其爵里，其下各注"存""佚""阙""未见"这四项附注，然后，原文照录原书序跋及古今学者论述之文。朱彝尊本人的一些考证，也以按语的形式附列于最后。该书资料网罗宏富，为两千年来说经之书的总汇；该书注重经学的辨章学术，考镜源流，为古代经学之第一部专科目录。《经义考》的编撰历时5年，康熙三十八年（1699年）完成初稿，以后边修改边刻印，至乾隆二十年（1755年）才由卢见曾、马日璐刻印完全书，历时五十余年。《经义考》全书共300卷，该书问世后得到了极高的评价。书稿完成时，恰逢康熙皇帝南巡，朱氏呈上此书，康熙阅后称赞曰："朱彝尊此书甚好，留在南书房，可速刻完进呈。"稍后，又赐"研经博物"四字匾额，奖励朱氏在经学方面的造诣和成就。乾隆皇帝也曾为此书题注："自汉迄今，说经诸书存亡可考，文献足征；编辑之勤，考据之审，网罗之富，实有裨于经学。"（《乾隆御题诗注》）对于这部学术巨著，毛奇龄在其序文中称："非博极群籍，不能有此！"陈廷敬在序文中更盛赞朱氏为："微竹垞博学深思，其孰克为之。"此外，古代不少的目录学家在《经义考》所用体例的启发下，以大致相同的类例编撰各种专科目录，推动了古典目录学的发展。《经义考》亦在目录学史上占据了重要的位置。

知识链接

"雅赚"钱曾

康熙二十年（1681年），彝尊任江南典试官，吏官之暇，遍访街巷坊肆和藏书家，买到了许多珍本秘籍。一次，他得知著名藏书家钱曾根据述古堂、也是园的藏书，编撰善本书目《读书敏求记》，其中著录了钱氏家藏的孤本秘籍。该书被当时的学者名流视为珍贵的版本目录佳作。朱彝尊不由得为之心动，非常想见到这部书。但钱曾视其书为珍宝，锁在书箱里秘不示人。为了读到这本书，朱氏朝思暮想，终于想出个得书的妙计。一次，他在江左住所大摆酒席，宴请当地文人学士，当然也请了钱曾，其意在于钱氏之书也。宴会开始，钱曾和文人学士们觥筹交错，酣然尽饮。朱彝尊乘机派人以数量可观的黄金和价值不菲的轻裘皮袄，买通了钱氏的书童，深夜启箱取出《读书敏求记》的原稿，让预先雇用的数十个抄手躲在密室，连夜赶抄成副本。从现代保护版权的角度看，此行为是不够光明正大的，但可见朱彝尊痴爱图书的情深意切。朱氏痴书别具风格，被当时人们谑称为"雅赚"钱曾。

铁琴铜剑楼藏书

铁琴铜剑楼位于常熟县城宾汤门外十里的罟里（亦写做菰里）村，现称"古里"，是个"辛峰左峙，清水东潆"，"沃壤千畦，桑竹弥望"的地方。藏书楼的初创者为瞿绍基。瞿绍基（1772—1836年），字厚培，别字荫棠。

瞿绍基最大的特点是酷嗜书籍，遇到好书就出资购置。常熟本为文化之邑，藏书之风自古极盛。瞿绍基自幼就喜读书，深受家乡藏书文化熏陶，而且瞿家家资丰厚，也为他斥资购书提供了条件。经过十年积聚，终于使藏书达到十万余卷。瞿绍基专为构室庋藏，日夜披览。最初，名藏书之所为"恬裕斋"，取古书中"引养引恬""垂裕后昆"的意思。

当时常熟城中有两家有名藏书楼的书籍先后流散，一为张氏（金吾）爱日精庐，二为陈氏（揆）稽瑞楼。流散书籍中有不少是珍贵的宋元善本，这些书后来有十之六七被瞿绍基设法购得，这也使瞿氏恬裕斋收藏大增，名望高扬而"甲于吴中"。除多方购置外，瞿绍基自抄的书也很多，如唐杨士勋的《春秋谷梁传疏》、宋程大昌的《考古编》、杨伯岩《六帖补》等书皆为其手抄，并曾刊刻过汪绎的《秋影楼诗集》。

铁琴铜剑楼纪念馆

瞿绍基是瞿氏藏书的奠基者，但当时他的藏书处还不叫"铁琴铜剑楼"，真正称以"铁琴铜剑楼"，则是在他儿子瞿镛时代。瞿镛（1794—1846）是瞿氏藏书楼的第二代主人，字子雍。瞿镛继承先父之志，益肆力搜讨。由于瞿家藏书的名声已远播在外，送书上门的人很多。一时间，"大江南北，浙江东西，书估云集"，将明代及清初以来的诸家旧藏书籍纷纷送到瞿宅，而瞿镛不惜出重价购买。有时现钱不足，甚至不惜质典他物。本来，在瞿绍基时代，瞿家恬裕斋就已经很有规模，后来经瞿镛多年增益，藏书更丰。在咸丰十年（1860年）的战乱中，汪氏（士钟）艺芸书舍的藏书散佚殆尽，后来这些流散的书，有一半被瞿镛设法购得。艺芸书舍的藏书本来就汇集了很多私家名楼的藏书，现在大部分汇于瞿氏之手，所以，瞿氏藏书不仅渊源有自，而且精雅无比，仅宋元刊本就达300余种，抄校精本难计其数。瞿氏藏书经瞿镛之手，骤然崛起，终于可与当时的山东聊城杨氏（以增）海源阁、浙江钱塘丁氏（丙）八千卷楼、浙江归安陆氏（心源）皕宋楼齐名，并称为晚清四大

第五章 千秋仰止宫墙近——古代私家藏书

藏书楼之一。

瞿氏第三代瞿秉清、瞿秉渊昆仲，在铁琴铜剑楼的历史发展上，也起到了功不可没的重要作用。他们在战乱中不顾艰危，历经颠沛辗转，维护和保全了绝大多数家藏典籍，使藏书虽历兵燹而终逃流散之厄。

瞿秉清（1828—1877年），字浚之，为瞿镛之第五子。其二兄秉渊（1820—1886年），字镜之。兄弟二人"缵承前志，不懈益勤"，又能继承先人藏书之志趣，旁搜博采，日累月积，使瞿氏藏书进一步发展，"远追古人，近比毛氏（晋），将益盛焉，无不及也"。

清军与太平天国军作战时，因为战乱，私家藏书毁于兵火者屡有所闻。瞿氏兄弟为保护图书历尽了千辛万苦。据瞿镛的外甥张瑛《虹月归来图记》所记：咸丰庚申（1860年）四月闻警，浚之、镜之弟兄将藏书中当世罕有的最珍贵部分选出来，分别放置于村北荷花溇、村西桑坝和香塘角，又将经部书寄存于周泾口张氏。八月，太平军攻进常熟，瞿氏兄弟二人从藏在各处的书中选取了一千余种善本，打成捆，又辗转换了三处地方，都觉得不太安全。战乱中土匪蜂起，瞿氏兄弟又将书运到定心潭苏氏家。同治元年（1862年），常熟战事复起，四乡蹂躏殆遍，瞿氏留在邕里和香塘角的书也受到损失，所幸苏氏处的书尚存。瞿氏昆仲又从这部分藏书中再一次精选了宋元珍本及秘抄精校本，同治二年（1863年）二月以船载渡江，存在苏北海门县大洪镇。直到五月兵退后，才载书还乡。经整理，发现在战乱中散失的占全部旧藏的十之三，幸存者占到了十之七，总算是基本保存下来了。为纪念这次护书过程，兄弟二人特请画家吴冠英绘制了一幅《虹月归来图》，并遍请名家题咏。当时题记、题诗的有翁同龢、杨沂孙、叶昌炽等，一时传为士林佳话。瞿氏兄弟为保护祖上藏书付出了心血。

瞿氏第四代传人瞿启甲是近代闻名遐迩的藏书家。他最终嘱咐家人，将铁琴铜剑楼的藏书完整捐献给国家，为我国文化事业做出了重大贡献。

瞿启甲（1873—1940年），字良士。瞿启甲不仅继承了先辈的藏书事业，而且又有所发扬光大。在他的精心呵护下，铁琴铜剑楼藏书得到很好的管理。铁琴铜剑平日长年聘请修补、装订古籍的高手，使"宋元旧椠视之一如新装而无一散佚"。楼内全部藏书每岁必曝晒一次，而且每次曝晒必有一定时日，故所藏书能经久不蠹。

瞿启甲并非仅为守成祖业之人，他在前人基础上，继续不断搜购书籍，

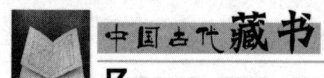

"搜访乡邦文献，增积至几百种"。不仅丰富了家藏，而且为常熟县立图书馆搜集了许多珍贵文献，"收集古代史料以及地方文献极富"。

更为可贵的是，瞿启甲具有符合时代潮流的进步思想观念。他对旧时代藏书家将典籍秘不示人的陋习非常不以为然，认为"书贵流通，能化身千百，得以家弦户诵，善莫大焉"。他毫不吝惜地把大量家藏珍贵古籍供人影印抄录，为揭示自家所藏，他招聘人员，雕版印刷，并于光绪二十四年（1898年）出版了《铁琴铜剑楼藏书目录》24 卷。这部目录由其祖父瞿镛开始编写，经秉渊、秉清校勘增补，并先后延请著名学者季锡畴、王蒿隐、管礼耕、王颂蔚、叶昌炽等审补修订，到瞿启甲时，已历三代，而终于完成出版事宜。以后，他又先后出版了《铁琴铜剑楼宋金元本书影》（附识语），辑录了《铁琴铜剑楼藏书题跋集录》（1982 年由启甲子瞿凤起交上海古籍出版社出版）。为达到让私家藏书服务于社会的初衷，他鼎力支持商务印书馆影印《四部丛刊》。该丛书一编收书 323 种，出自瞿家者 25 种；续编 75 种，出自瞿家者 40 种；三编收书 70 种，出自瞿家者 16 种。

铁琴铜剑楼虽然管理严格，但并不杜门谢客。瞿启甲热情接待读者，供读者查阅古籍。对"嗜书之人……瞿氏辟有专室，供人饱览"，"且供茶水膳食"。这些举动，在历代藏书家中实为罕见。在倡立常熟图书馆并任馆长后，他以身作则，向图书馆捐献了部分书籍。

瞿启甲，在晚年病笃时，毅然留下遗嘱："书勿散，不能守，则归之公。"寥寥数字，已表现出瞿启甲化私为公的博大胸怀，真正体现了藏书事业的终极目的与文化精神。

遵照他的遗愿，他的儿子瞿炽邦（济苍）、耀邦（旭初）、熙邦（凤起）在新中国成立后，将铁琴铜剑楼的宋元明古籍善本献给国家，现存于北京图书馆。1950 年，当时的中央文化部副部长郑振铎在致瞿氏后代函中写道："铁琴铜剑楼藏书，保存五世，历年逾百，实为海内和家藏书中最完整的宝库。"函中还对瞿氏后代化私为公，将书捐给国家的义举进行褒扬，认为其所为"当为世人所共见而共仰"。

爱日精庐藏书

以张金吾爱日精庐为代表的张氏藏书、刻书世家，其富藏善刻海内闻名。

第五章　千秋仰止宫墙近——古代私家藏书

清末蒋光煦《论书目绝句》诗中有"汲古名高阁久虚，琴川重见辟精庐"的赞句，把张氏爱日精庐藏书楼与毛晋汲古阁相比，可见其藏书、刻书影响之大。

张金吾（1787—1829年），字慎旃，别字月霄。江苏常熟人。他少年时读书很刻苦，学问不错，但屡试不中，遂放弃科场，一心致力于收藏和编纂图书，爱日精庐为其藏书之所。张氏的藏书、刻书事业始自其祖父张仁济，其父张光基、叔父张海鹏继之。张海鹏传望楼刻书最盛。至张金吾爱日精庐，藏书之富则达到了张氏三代收藏的高峰。

张金吾的祖父张仁济（1717—1791年），字敬堂，号讷斋公。他与其兄张仁美"皆好藏书，家多宋元旧刻"。有照旷阁为其藏书处，藏书万卷，多为宋元刻本。

张金吾的父亲张光基（1738—1799年），字南友，号心萱。他好学嗜古，继承了其父照旷阁藏书，并继续收藏，得到扩充。除求购之外，他还喜欢抄书。照旷阁里收藏有许多他抄录的图书，如《龙龛手鉴》《东观奏记》《三辅黄图》《洛阳伽蓝记》，等等。

张金吾的叔父张海鹏（1775—1816年），字若云，号子瑜。张海鹏出身藏书世家，嗜藏书，尤喜刻书。家有望海楼和借月山房作为藏书处，藏书丰富。张海鹏不仅喜欢收藏图书，而且更注重于刊刻流布图书。他认为，如果只注意于一己的收藏，不努力刊布推广，先人流传下来的古籍会越来越少，以至于佚亡。因此，他便把自己的主要精力放到了图书的刊刻流布上，终身"以剞劂古书为己任"。他常对人说："藏书不如读书，读书不如刻书，读书只以为己，刻书可以泽人。上以寿作者之精神，下以惠后来之沾溉。"

张海鹏一生只活了42岁，但从事刻书业有近20年。其所刻印之书均为大部头丛书、类书和总集，著名者有《学津

张氏爱日精庐

讨原》《墨海金壶》《借月山房汇钞》和《太平御览》4种大书。《学津讨原》20集，收经、史、子、集各类图书173种、1408卷。此书系张氏在毛晋汲古阁藏《津逮秘书》基础上"汰之溢之"，去除冗劣，又从家藏中补进珍善，取《学海类编》和《津逮秘书》书名之意，称为《学津讨原》。这部书开雕于嘉庆七年（1802年），成书于嘉庆九年（1804年）。张海鹏为编书、刻书费尽了家产，晚年家道中落。至道光元年（1821年），也即他去世后五年，其藏书、刻书处传望楼遭火，将藏书及印版大部分烧毁。但是，他刊布的图书至今在一些图书馆里仍有传藏，可供人借阅。

张金吾13岁丧父，16岁丧母，由叔父张海鹏收养。金吾从小就很懂得自励自奋，读书做事十分勤勉。他虽刻苦好学，但仕途却十分坎坷，久试不中，遂绝意科场，心向收藏，研读图书，在藏书和目录学方面成绩卓著。他自嘉庆十六年（1811年）开始，大规模地搜购图书，十多年后即达到七八万卷，至去世时，其藏书有104000卷之富。

张金吾还喜欢抄书，用抄本来扩充其收藏。翁同龢在《诒经堂图书后》中说："月霄仿毛氏之例，求工书者精抄之。先公亦尝与其事。先公赴京师，先母每每夜篝灯影，写至漏尽目眵事止，所抄者皆张氏书也。"连后来成了光绪皇帝之师的翁氏的父母都为张氏抄书，可见其抄书规模之大。仅据瞿冕良《常熟先哲藏书考略》著录，张金吾爱日精庐所抄图书就有60多种1100多卷，且均为唐、宋、元善本。

人们一般只知道张金吾藏书楼名"爱日精庐"，系取曾子"爱日以学"之义，实际上其藏书楼叫"诒经堂"，爱日精庐只是诒经堂的一部分。诒经堂是张氏藏书楼的总名称。爱日精庐是张金吾读书、写作和收藏重要图书之所。除爱日精庐外，诒经堂还有"世德斋""青藜仙馆""诗史阁""巽轩""求旧书庄""墨香小艇"和"积书"等藏书处。关于诒经堂各处藏书情况，张金吾《爱日精庐文稿·诒经堂记》记述道："诒经堂凡三楹，古今诂经之书藏焉。堂之西曰爱日精庐，则金吾读书之所，而仅以藏先君子手泽者也。庐之南曰世德斋，则曾大父、大父诗集暨十世祖端岩公、从父若云公校刊各书在焉。又其南曰青藜仙馆，毛子晋、何义门敕先诸先辈手校诸书在焉。庐之西有阁曰诗史，以藏元刊《中州集》。金吾集金源一代之文，成《金文最》一百二十卷，凡金人著述及当时碑版足资采集者咸附焉。阁之南曰巽轩，昔年从锡山得活字十万有奇，排印《长编》二百份，于焉贮之。堂之东曰求旧书庄，宋、元、明初刊本藏焉。庄之南曰墨香小艇，元、明旧写本藏焉。循庄而北，长廊数十步，有精舍三楹，榜曰积书，则先君子创建以贮书者，凡史、子、集三部通行之本咸在焉。此诒经堂藏书之大凡也（叶昌炽《藏书纪事诗》）。"因为爱日精庐是其读书、写作的常居之处，所以外人便常称其藏书之处为爱日精庐了。

张金吾的藏书印有"秘册"朱文长方印、"张印月霄"朱文方印、"爱日精庐藏书"朱文方印及"曾在张月霄处"等。

张金吾藏书有三大特色：其一，多经部书。其二，多金人著作。其三，所藏多宋元旧椠。

从收藏思想方面看，张氏有两点是值得称赞的，就连今人也是应当学习的。其一是藏书为了读书的思想。他认为，藏而不读，不如不藏；读书不用心，不如不读。其二是收藏而不秘藏的思想，主张把书借他人阅读，"乐与人共，有叩必应"。

张金吾不仅在藏书上卓有成就，而且还是一位著名目录学家。他编撰的《爱日精庐藏书志》36卷及《续志》4卷，是我国目录学史上重要的书目著作之一。

《爱日精庐藏书志》以收录善本珍籍为主，著录了大批宋元旧椠及旧写本、校本书，对版本研究颇具价值。张金吾的收录标准是"以有裨学术治道者为断"，也就是说，利于学术研究的就收录，否则就弃之。书目共收善本书773种，其中经部146种，史部190种，子部139种，集部298种。这部书目的另一个特色是有解题，并附原书序跋，具有"辨章学术，考镜源流"之功。对此，清代著名目录学家顾广圻给予了高度评价："备载各家之序跋，原委灿然，复略就自叙校雠、考证、训诂、簿录、荟萃之所得，各发解题，其标读书之脉络也。"

藏书之外，张金吾于文献纂辑上也颇有成就。所编纂有两大成果：其一是用了12年时间，矢志网罗金代文献，三易其稿，编成《金文最》120卷，使以往处于散佚中的金代文章灿然毕备。其二是用了3年时间纂辑了《诒经堂续经解》1436卷，重点是收编宋元人之解经、说经著作，以续纳兰性德《通志堂经解》。此书稿本于民国时期流入涵芬楼，后毁于1932年"一·二八"战火。

张金吾晚年，家境贫困，为了买书，他欠下巨债。由于负债无力偿还，

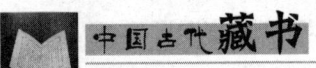

其藏书于道光八年（1828年）被族侄张承涣强取豪夺而去。藏书被夺走，张氏气愤至极，非常伤心，第二年也就在穷困忧闷中死去了。

海源阁藏书

　　我国自明清以来，私家藏书事业以江浙一带堪称繁荣昌盛。北方地区的私家藏书，无论其规模、声望、影响均稍逊一筹。但晚清时期，山东的杨氏海源阁却能一枝独秀，其规模、影响均可与南方有名的藏书楼并驾齐驱，平分秋色，成为北方私家藏书之冠。

　　海源阁位于山东西部的聊城市万寿观街路北杨氏宅院内。它的创始人为杨以增。

　　杨以增（1787—1856年），字益之，号至堂，晚号东樵，死后谥端勤。杨以增著述有《退思庐文存》《杨端勤公奏疏》。

　　杨以增生平没有别的嗜好，只是喜爱读书，所以很注意收集购买书籍。开始时他所收典籍还是以普通版本为主，但特别注意选择刻印精良的本子，

海源阁

第五章 千秋仰止宫墙近——古代私家藏书

经过日积月累，庋藏渐多，藏书已经有了一定的规模。道光二十年（1840年），杨以增在故乡聊城建立了专门的藏书楼，并名之为"海源阁"。海源阁面南背北，二层四间，檐中悬挂楼名匾，为杨以增亲自手书。旁题跋语，言及建立藏书阁的初衷和书楼名称的寓意。跋语称："先大夫欲立家庙未果，今于寝东先建此阁，以承祀事。取《学记》'先河后海'语，颜曰'海源'，盖寓追远之思。并仿鄞范氏以'天一'名阁云。"从以上跋语来看，海源阁在始建时是承担着双重作用的，首先是杨家祭祀先祖的场所，同时也作庋藏图籍之处。至于将此阁命名为"海源阁"，不论是追思杨氏祖先的荫泽还是用来比喻读书、做学问应当溯源观海，都是十分贴切的。海源阁后来随着藏书的逐渐增多，扩充到书室12间，后院5间则专藏帖片、字画、古玩；又别辟陶南山馆。

道光二十一年（1841年）后，杨以增得到林则徐的荐举，接任了陕西巡抚之职。但陕甘地区地近边陲，终不似江南文化昌盛，所以在这段时间，杨以增收集图书的活动虽在继续，但还没有致力于珍贵版本的收藏。他在此间所收的珍本仅有宋版《汉书》《晋书》《通鉴总类》等少数几种。

道光二十八年（1848年）后，杨以增的藏书在原有基础上，质量和数量都有了新的飞跃。这是因为他开始到号称"人文渊薮"的江南去做官，藏书活动的发展得到了新的机遇和优厚的条件。当时有几个重要的因素促进了杨氏海源阁藏书事业的发展。首先是杨以增时任江南河道总督，不论是从声望、地位，还是资财上，都为他广收书籍提供了极大的方便。再有就是当时的江南地区正值经济破产、动乱频仍之际，尤其是太平天国及捻军与清军作战，更使江南地区兵燹连年不绝，江南旧家藏书多不能守，大量散佚，流入市场，给杨以增大批收购珍善本提供了机遇。如黄丕烈藏书中有许多就最终流入杨以增之手。除此之外，瞿氏恬裕斋部分流散之书，韩泰华玉雨堂元人集部书，鲍氏（廷博）知不足斋等江南名家藏书，均归于杨氏海源阁。可以说，江南名家藏书归于聊城杨氏，使杨氏海源阁藏书不论从数量上还是质量上，都得到一次飞跃。正是这一阶段收书，使海源阁成为清末北方地区藏书的中心，奠定了海源阁与铁琴铜剑楼并称雄于海内，而号称"南瞿北杨"的地位。从此，清代以江浙为中心的藏书家，其书籍"辗转流播不出其域"的情况，因聊城杨氏而改变。

除上述因素外，杨以增凭借自己的声望与地位，得以广交朋友，延揽学士文人，为自己寄赠、选择、鉴别、审订、校刻书籍。杨以增与梅言伯、刘燕庭等人订交，每得好书，则远道互相寄赠。又有其幕客松江韩渌卿、文登于昌进、泾县包世臣、日照许瀚、嘉兴高均儒等，为其鉴别、审订、校刻古籍。其中于昌进是当时东鲁地区仅次于杨以增的北方大藏书家与著名文献家。

海源阁藏书在杨以增的儿子杨绍和手中得到了进一步的充实和发展。杨绍和（1830—1875年），字彦合，一字念徽，号勰卿，又号筠岩。杨绍和善于鉴别古籍，在北京充翰林时专事收购图书，凡孤本珍籍、精校名抄，一经发现无不采购。杨绍和，最值得一提的是他得到了怡亲王府的许多图书。当时，慈禧发动宫廷政变，顾命八大臣以狂悖被杀，怡亲王载垣也在其中。怡府藏书，建有乐善堂、明善堂、安乐堂，专门庋藏珍贵图籍。怡府的图书多得自徐氏传是楼、季氏静思堂，渊源久远，数量质量均属上乘。怡府事败后，其宋版书籍多至数百种，流入北京隆福寺附近书肆。当时杨绍和正在北京为官，趁机购得怡府乐善堂中善本书籍不下百余种。这样，杨氏海源阁中不仅包容了南方江浙藏书之精华，又汇聚了北方王府藏书中的珍品。正如人所说："汲取南北之精帙，萃于山左一隅……以前此江浙藏书中心之格局已岌岌为之冲破矣。"（叶恭绰《遐庵谈艺录》）同时，海源阁也正如傅增湘在《海源阁藏书纪略》（《题记》附录二）中所说："蔚然为北方图书之府，海内仰之，殆如景星庆云。"

杨氏海源阁之所以成为北方私家藏书中心，声名远播，不仅因杨以增、绍和父子二人的广泛搜集选购，而且由于他们对所藏书籍进行了精心的保管，认真的校勘、整理，并遴选其中珍贵者加以刊刻流布。海源阁藏书搜集于乱世，杨氏从自己的收书经历中深悟珍贵图籍散易聚难之理，所以对收到书籍的爱护远逾于一般。凡非契友，例不示人。杨家有家中仆役不准登上书楼的家规，仆人中有在杨家服役数十年而不知阁上书籍究竟是何等样子的。

杨以增作为旧时代的藏书家，对图籍的利用主要在于阅读与校勘。他勤于读书，藏一本读一本。杨以增不仅尽阅其所藏，还要参照其他版本，进行仔细校订，并记述该书购置的经过，详述版本优劣。其子杨绍和继承父志，所以海源阁所藏善本书中多有杨氏父子的题跋。杨绍和还编撰了《海源阁书目》和阁内善本藏书记《楹书隅录》初编、续编，后来绍和子杨保彝又增删为《海源阁书目》和《海源阁宋元秘本书目》（其间有江标编《海源阁藏书目》，收入《江刻书目三种》）。杨氏家族利用阁内藏书刻印流传的有《海源阁丛书》数十种。

海源阁虽然经过杨以增、杨绍和、杨保彝三代人的搜集与努力保护，但在战乱中也受过很大的损失。杨绍和时期，即逢清军镇压捻军，"烽火亘千里，所过之区悉成焦土"。杨氏海源阁外的另一处藏书处陶南山馆的藏书就受到部分损失，其中"宋元旧椠，所焚独多"。民国时期，军阀马鸿逵及土匪王金发在民国十七（1928年）至十九年（1930年）间三次进聊城。尤其在王金发攻占聊城时，海源阁藏书受到惨重损失。当时报纸曾报道说："杨宅已不见一人，院内室外书籍满地，厕所马厩亦无地无之，院内书籍尽为大雨淋烂，惟藏书之十余室内书籍依然满架，但均参差不齐。"王献堂在《海源阁藏书之损失与善后处理》一文中也提到：土匪"日常以杨氏书籍出售，购者随意予价，略不计较。有时割裂包物煮饭，或带出作枕头使用"。看到这些记载，人们会深深感到，旧社会战乱不定，国且不保，安顾书为！杨氏藏书的存余部分，后辗转归入北京图书馆和山东省图书馆，得以保存至今。

海源阁作为近代北方藏书楼，历90余年，可谓北方藏书家中的典范。它的藏书以其数量与质量脍炙人口、名扬天下，其中不少都是珍稀精品。

八千卷楼藏书

在近代藏书事业史上，八千卷楼是与瞿氏铁琴铜剑楼、杨氏海源阁、陆氏皕宋楼并称的近代四大藏书楼之一。

八千卷楼主人丁氏兄弟中，兄为丁申（？—1887年），字竹舟，浙江钱塘（今浙江杭州）人。辑录有《武林藏书录》一书，书内记载了文澜阁建造修复经过，北宋以来杭州地区刻书、藏书、采书情况，以及自三国至清的杭州文献家故实。弟丁丙（1832—1899年），字嘉鱼，别字松生，晚称松存，别署钱塘流民、八千卷楼主人、竹书堂主人、书库抱残生等。丁丙23岁入杭州府学，后一心属意于地方公众事务及文献、书籍搜集保存，终身未仕。丁丙留下的著述有《谈礼私记》《礼经集解》《松梦寮诗》初集、《九思居经说》《说文部目详考》《说文篆韵谱集注》《武林金石志》《宜堂小记》《松梦寮集》等。

丁氏兄弟均博极群书，对图籍嗜藏不怠，一生专好读书治学，"于学无所不通"。这和丁氏的家学渊源有着直接的关系，其祖父丁国典就是一个喜好读书、富有藏书的人。他仰慕丁氏先人北宋时藏书八千卷的事迹，在杭州梅东里修筑了藏书楼，也名之为"八千卷楼"，并请梁山舟学士题写了匾额。丁国典曾说："吾聚书多矣，必有好学者为吾子孙。"这样看来，他造楼藏书，除习慕先贤外，还有传之后代、培养子孙的殷切寄托。其父丁英不仅遍读八千卷楼藏书，还经常来往于齐、楚、燕、赵间，"南北往还"，遇到秘籍，辄载以归，使家中藏书日益丰富。他收集的几万卷书，有近一半是乾嘉

八千卷楼藏书印

时期各旧家秘藏，因此质量很高。丁申、丁丙兄弟也随父亲共同"雪抄风校"，付出了不少辛劳。但可惜的是，丁氏八千卷楼前期由丁氏兄弟父、祖两代搜集的典籍，在太平天国之役中"尽会劫灰，无一帙存者"。咸丰十一年（1861年）冬，太平军第二次攻占杭州，丁氏家室遭毁，侥幸保存下的仅剩丁国典在世时朝夕把玩的《周易本义》一书。而丁申、丁丙二人的作用也正是在此时显示出来的。

丁氏兄弟的功绩，主要说来有两大项：一是在战乱中尽力抢救和保护了杭州文澜阁的《四库全书》；二是重建了丁氏八千卷楼。

丁氏八千卷楼藏书的恢复与发展，是与丁氏兄弟抢救、补抄文澜阁"四库"同步进行的。可以说，补配"四库"无论于公储或于私藏，都是一个很有益的过程。从补配文澜阁《四库全书》开始，丁氏兄弟就开始大规模购书。他们按"四库"目录，或抄或买，但开始时重视的是与目录上原书卷帙是否符合，还顾及不到版本，在购抄过程中虽然接触到不少宋元旧抄、校雠秘册，但均没有保留，失之交臂者颇多。经多年搜求，丁氏藏书虽然达到20余万卷，但其中善本寥寥。补抄"四库"工作完成后，丁氏兄弟逐渐开始讲求善本。善本颇费资财，为了有足够的钱购书，丁氏兄弟摈弃了车马、衣服之荣，饮食起居也与寒素之家没有什么区别，恶衣恶食亦所甘心，一心将家资投入于藏书事业。他们朝访夕求，凡齐、楚、燕、赵、吴、越、秦、晋之间，一听到有善本，就去信求购，意在必得。"内而秘殿所储，外而岛夷所蓄，力之

所致，鲜不征求。"他们尤其重视对故乡先贤遗著文献的收罗。这样经过前后30余年的努力，丁氏藏书已大大超过了丁国典及丁英时期八千卷楼的庋藏数量，质量也远非旧日可比。

丁申去世后的第二年，即光绪十四年（1888年），丁丙为继承祖、父、兄的遗志，开始重新修建丁氏私家藏书楼，地基选在丁丙所居正修堂的西北隅，占地二亩多，筑书楼五楹，堂之上称为八千卷楼，所收为《四库总目》已著录之书；堂之后室五楹，上为后八千卷楼，专藏"四库"未收之书；再后西边又有一后楼，三楹，称为小八千卷楼，专门收藏善本书籍，其中所藏宋元刊本200百余种，并包括明刊本中的精品、旧钞中的佳本及稿本、名人校本并两千余种。

丁氏藏书楼总名称为"嘉惠堂"，这是取自光绪谕旨中"嘉惠艺林"之词，但因其中各楼又均有"八千卷"之字样，所以人们一般仍称其家藏书楼为"八千卷楼"。书楼所处之地，风景极其幽美。丁丙又在书楼周围遍植林木，在楼上俯仰四顾，则可见"紫阳山环其前，皋亭山倚其后，钱塘江与西湖映带左右，规模宏畅，气象崇隆，观者莫不叹羡"。在书楼建成，图书入藏就绪后，丁丙特将丁申子丁立诚和自己的儿子丁立中等人叫到楼上，感慨地对他们说："此吾祖吾父之志，吾兄未竟之事，而吾勉成之，小子识之！"（《八千卷楼自记》）并让侄子丁立本将此语写于书楼墙壁上，让丁氏后人铭记于心，爱护并保存好这些来之不易的图书。

八千卷楼藏书中收藏的明人及浙江先哲著作较多，所收图书各类版本比较齐备，许多藏书都经过前代著名藏书家收藏，其中有名的来自范氏天一阁、祁氏澹生堂、毛氏汲古阁、钱氏绛云楼、黄氏千顷堂、钱氏述古堂、曹氏楝亭、鲍氏知不足斋、黄氏士礼居、汪氏艺芸书舍、瞿氏恬裕斋等处。这除了反映出图书聚散无常的规律外，也证明了丁氏昆仲长年搜书的一片苦心。

丁氏八千卷楼的藏书目录有两种：其一为《善本书室藏书志》40卷，由丁丙撰述，丁立中缮录排纂，此为八千卷楼中的善本书目提要；其二为《八千卷楼书目》20卷，由丁立中受丁丙命编成，为八千卷楼藏书目录。

八千卷楼中的藏书，归宿可以说还是很幸运的。丁丙死后八年的光绪三十三年（1907年），丁氏后人所经营的官银号亏空倒闭，不得不以家产呈抵，其中即包括八千卷楼的全部藏书。当时的两江总督端方怕丁氏藏书遭到和陆氏皕宋楼藏书同样的命运，即以官款75000银圆将八千卷楼的藏书全部收购下来，移到新开办而且即以丁氏旧藏为馆藏基础的南京江南图书馆庋藏。如今，这批珍贵的书籍仍完整地保存在南京图书馆。

皕宋楼藏书

陆氏皕宋楼，也是我国近代闻名遐迩的四大藏书楼之一。创建者为浙江归安（今浙江湖州）人陆心源。湖州地处太湖南岸，除经济发达外，自古也是人文显达之地，居住过许多有名的学者及藏书家。早在南北朝时期，梁朝沈约已"开浙江收聚之先声"，宋代的周密、陈振孙、叶梦得，明代的茅坤等，其收藏图籍均可名列史册。仅在吴晗先生所撰的《江浙藏书家史略》中，湖州藏书家在三十八府县中即名列第三，但他们藏书的规模，均比不上后来的陆心源。

陆心源（1834—1894年），字刚父，号存斋，晚号潜园老人。陆心源一生著述颇丰，称得上是一位大学者，著有《仪顾堂集》20卷、《群书校补》100卷、《吴兴金石记》16卷、《归安县志》40卷、《宋史翼》40卷、《元祐党人传》10卷等功力颇深的著述，此外还编纂了不少书籍。他的遗作汇成洋洋大观的《潜园总集》达940余卷，可称得是著作等身了。

陆心源青少年时代即聪颖过人，30岁起开始藏书活动，"志欲尽读天下书，偶见异书，顷囊必购"。当时刚经历了太平天国起义和第二次鸦片战争，大江南北正当战乱之后，故家藏书多不能守，这对陆心源来说正是一个良好的时机。他搜罗到不少宋元珍贵版本，其藏书已初见规模。后来出任闽省粮盐道，经济情况更加丰饶，被诬辞归山林后，"誓墓不出，而求书之志益勤"，称得上又有钱、又有闲、又爱书、又懂书，因此，更是将网罗书籍当成自己一生中的第一大事业。时人评他为"薄富贵而厚于书"。十几年间，他前后购置图籍达15万卷，而且质量精良，许多来自故家旧藏，与坊间所售的书相比自然不同。如郁松年宜稼堂、周星诒书钞阁、严元照芳椒堂、刘桐暝（一作"眠"）琴山馆、陈微芝带经堂等处图书，均在此期间流散于外而被陆心源大量收购。而以从上海郁氏宜稼堂中购的书为最多最精。宜稼堂藏书的最精华部分，虽说被丁日昌先行买下而归于丁氏持静斋，陆氏因此还与丁日昌弄得很不愉快，但其余归于陆心源的仍达近五万册，其中有许多宋元刊本及名人手抄本，如蜀大字本《左传》，宋刊本《史记》《后汉书》《通鉴纪事本末》

《皕宋楼藏书志》题名

《诸臣奏议》，等等。陆心源藏书已达"素缥缃帙，部居类汇，遂为江南之望"的地位。

陆心源的藏书处有守先阁、皕宋楼，十万卷楼等处。归里后，陆心源在归安城东莲花庄北修造园林庭院潜园，水木明瑟，极清旷之至。守先阁在潜园内，其中贮藏一般图书，按照经、史、子、集四部分类法分别插架，供人阅览，其中还藏有郁松年宜稼堂旧存抄本及多种明人文集。十万卷楼和皕宋楼均在陆心源旧居月河街。因陆氏所藏宋版书已收罗至一百种以上，遂将原藏书楼辟出一部分专门收藏宋元珍本，而名其处为"皕宋楼"。"皕"为"二百"之意。实际上有宋版书110部，取名"皕宋"，有一定的炫耀夸大成分。因为宋版书到明代就已成为珍稀版本，以页数论银定价，到清末更成为稀世珍品。乾嘉时期黄丕烈曾收藏宋本书百余种，学士顾莼曾为他的藏书室题写了"百宋一廛"的匾额。现在陆心源自称"皕宋"，颇有驾"百宋一廛"之上的意思在内。十万卷楼地处月河街上，专门庋藏明以后的秘刻本及精抄精校本、当代学者的著述等。陆心源还颇喜读顾炎武遗书，非常倾慕顾炎武的学识，故将自己的读书处名为"仪顾堂"，取"心仪顾氏"之意。

陆心源藏书的最大特点就是珍善秘本数量极多。在他的几处藏书中，又以皕宋楼为专门收藏宋元刊本及名人手抄本的处所。《皕宋楼藏书志》中著录宋版书200余种，元版书400余种（其中多种为仿刻本、原板重印本，而非真正宋元刻本），其余则为明初刻本、旧抄本及名人精抄精校本。皕宋楼藏书中，有许多"四库"未收本、稀世孤本及罕见秘籍，其文献价值是不可估量的。

用今天的眼光衡量，陆心源是一个具有开放意识的藏书家。他"念自来藏书未能垂远"，曾在光绪八年（1882年）春上书归安太守，将守先阁所藏的4200余种、115000余卷图书化私为公，供人借阅。

皕宋楼藏书的最后归宿十分令人痛惜。陆心源死后十三年，清光绪三十三年（1907年），一个让全国藏书界和学术界深感震惊的消息突然从湖州传出，归安陆氏皕宋楼的全部藏书，已被陆心源的后人售予日本静嘉堂文库。一时间全国学人议论纷纷，叹息不已。

出售皕宋楼藏书的经手人为陆心源的长子陆树藩。陆树藩为光绪十五年（1889年）恩科举人，因其父捐守先阁图书，特赏二品衔，赏戴花翎军机部存记，分发江苏候补道，曾任江苏实业学堂及铁路学堂监督、苏州孤儿院院长。陆树藩本人亦颇有著述，如《吴兴词存》《皕宋楼藏书三志》《穰梨馆过眼三录》等，因此他并不像有的人所认为的是一个不了解皕宋楼藏书价值的人。至于陆氏旧藏之所以由他经手卖给日本静嘉堂文库，有比较复杂的原因。

陆心源临终时曾有遗言："训嘱诸子保存好图书，勿令散佚。"陆树藩当时也曾力图保护好图书，但当时陆家的经济状况已经发生了很大的变化。陆家所经营的缫丝厂，在日本商人造丝大量倾销而使中国生丝业破产的大潮中，亦遭倒闭之厄；陆家钱庄也随之破产，经济情况一落千丈；加之陆树藩创办的赈捐慈善事业赔资负债，此时他已无财力来支持皕宋楼的管理，使楼中已"布满灰尘，堆置狼藉"，"终将有管理不善和失散之危"。在这种情况下，陆树藩起初尚无将书售予外邦的决心，而想求其书能不失散、完整地在国内转让，他曾向两江总督端方和上海工部局提议，将全部藏书捐给地方政府，条件是由官方建藏书楼贮藏，但未能获允。他也曾登报声明愿捐献给有经济实力的藏书家建新楼妥善管理，但由于陆氏藏书量多质优，沽价高昂，又为求保持原藏的完整性不肯拆零易售，故一时国内无人响应。后来，陆家经济状况进一步恶化，为偿债及维持上海、湖州两个大家庭的生活，变卖家产及皕宋楼藏书已成唯一出路。陆树藩遂产生了将书高价卖给日本宫廷的想法。他通过在日本留学的堂弟牵线联系，先希望由日本宫内省收购，但未成功。后来静嘉堂文库创建者岩崎弥之助得知了此部分书籍的价值，下决心由文库收购。

岩崎弥之助是日本三菱财团第二代主要人物，也是静嘉堂文库的创始人。

第五章 千秋仰止宫墙近——古代私家藏书

他拥有巨大财力，不惜重金收购汉学古籍。得知皕宋楼藏书要出售后，遂于光绪三十二年（1906年）初，派书志学者、静嘉堂文库库员岛田翰来中国对皕宋楼藏书进行了实地考察，后又经一系列交涉、讨价还价，最后从50万压至10万余银圆成交。次年六月，陆氏皕宋楼、十万卷楼的全部藏书4万余卷，终远离故国归于东瀛。

直到今天，静嘉堂文库仍为日本收藏汉籍宋元椠本最丰富的藏书所，其中大部分精华得自陆氏皕宋楼。

皕宋楼珍藏流入日本，使热爱祖国文化的人们无不痛心疾首。当时张元济先生听说陆氏要售书的消息后，曾在光绪三十二年（1906年）赴京，"力劝荣华卿相国拨款购之，以作京师图书馆之基础，乃言不见用"。后来，他又曾急筹六万元，想为上海商务印书馆涵芬楼收购此藏，无奈款项未及筹足，皕宋楼藏书已尽载以东了。这不能不说是我国藏书事业史上的奇耻大辱。

知识链接

皕宋楼藏书与天一阁藏书比较

陆心源的同乡李宗莲曾将皕宋楼藏书与天一阁藏书进行过一个比较，他认为天一阁与皕宋楼相比有"五不及"：一、总体数量，天一阁仅五万卷，而皕宋楼则是其两三倍；二、天一阁宋版书仅十余种，元版书百余种；三、天一阁所藏有许多丹经、道录、阴阳、卜筮等"不经之书"，而皕宋楼则"非圣之书不敢滥储"；四、天一阁藏书封扃甚严，而宋楼则"守先别储，读者不禁"，"公诸士林"；五、天一阁收书为"承平时举而有之"，比较容易，而皕宋楼则"掇拾于兵火幸存"的乱世，搜索困难。以上五点，除第三点我们不能苟同外，其余四条皆言之有理。事实上，第三条从今天来看，正是天一阁藏书很有价值的一个原因。

古越楼藏书

19世纪末20世纪初，我国的藏书事业已从私人藏书楼向近代图书馆转化。其中，开一代风气之先，其功足以彪炳史册的，要数浙江徐树兰。他创办的古越藏书楼，其名称虽仍旧惯，但实际上，已成为我国第一个开放型的私人图书馆。

徐树兰（1837—1902年），字仲凡，号检庵，浙江山阴（今浙江绍兴）人。

徐树兰是一个在当时深孚众望的归乡士绅，而在他一生事业中至今仍被人称道不绝的，则莫过于他首创的近代公共图书馆——古越藏书楼。

古越藏书楼既是徐树兰首创及投大量财力、心血的事业，又是他未竟的事业。其建楼的"集议"起于光绪二十六年（1900年），而书楼建成则已是光绪二十九年（1903年）了。徐树兰虽然没有亲眼见到古越藏书楼的最后建成与开放，但从倡议、捐款到置地、设计、章程制度的订立、雇工营建、图书标本及报刊的采购等一系列工作，都是徐树兰一手操办的。他为创建此楼耗费的精力极为巨大，他为实践"教育为本""造就人才"的维新思想及披荆斩棘的创新精神为国人所共钦。

徐树兰认为，培养人才不能单纯依靠办学，因为学校招收人数终归是有限的。为了给国人创造学习读书的社会环境，他非常钦羡欧美国家在学校教育发展的同时，社会文化事业、公共图书馆事业兴旺发达的情况，并决心效仿。

徐树兰的建议绝不是仅仅停留在口头上，他毅然付之于行动。他首先捐银8600余两，在绍兴城西的古贡院购地一亩六分，并集工营造。徐树兰将这座建筑命名为"古越藏书楼"。除对总体建筑样式、功能等进行了精心设计外，徐树兰还参酌东西各国规制，为藏书楼拟议了章程。在他拟定的《古越藏书楼章程》中明确表示，

古越藏书楼旧址

第五章 千秋仰止宫墙近——古代私家藏书

本楼创建之宗旨有二：一曰存古，一曰开新。要使学问必求贯通，要"博求"之古今中外。从这条宗旨中可以看出，徐树兰对古越藏书楼典藏内容的设计，已完全突破了历代藏书楼只典藏经、史、子、集等传统古籍的做法。徐树兰还将自己过去私藏的"经史大部及一切有用之书"，悉数捐献给古越藏书楼，延聘懂得书籍的管理人员来分类。不仅如此，他还出银23560余两，购备了"所有近来译本新书以及图书标本、雅驯报章"，使古越藏书楼收藏的各类书籍达到7万余卷，编目为35卷。筹建古越藏书楼，总计耗银3万余两，均由徐树兰自行捐献。另外，为维护藏书楼的日常管理和支付工作人员的工资，徐树兰还要每年另捐经费1000银元。如果没有他的努力，古越藏书楼是不可能筹建起来的。

徐树兰塑像

古越藏书楼创议于光绪二十六年（1900年），其后在徐树兰主持下，紧锣密鼓地实施筹建。不幸的是，徐本人在藏书楼就要大功告成的前一年因疾辞世。而藏书楼最终在光绪二十九年（1903年）全部完成并开始接待读者。

古越藏书楼的建成，实现了徐树兰的遗愿"以备阖郡人士之观摩，以为府县学堂之辅翼"，在地方文化教育、开发民智等方面发挥了重大的作用。

光绪三十年（1904年），古越藏书楼的监督冯一梅为楼内藏书重新编撰了书目，为《古越藏书楼书目》。冯一梅所撰书目，是在徐树兰捐书时自编书目的基础上重编的。重编书目20卷，分为"学""政"两大部。此书目较系统地反映了近代科学体系，与旧日有重大区别。学部包含23类，政部包含24类，虽然有许多待商榷之处，但此书目能打破旧的经、史、子、集四部分类法，并将许多"新学"之书与"经"并列，这是目录学上的重大革新。著名目录学家姚名达十分推崇《古越藏书楼书目》，他说："谈最早改革中国分类法，以容纳新兴之学科者，要不得不推《古越藏书楼书目》为最早也。"

古越藏书楼的藏书注重古今中外兼收并蓄，尤重"新学"之作，如英国艾约瑟的《博物新闻》、美国丁韪良的《格物入门》、日本饭盛挺造的《物理学上编》等，这和徐树兰提倡维新图强的先进思想是一致的。

藏书楼已开始贯彻"以人为本"，即以读者为本的思想，处处为读者方便考虑，如设60个阅览座，每日上午9：00—11：00、下午13：00—17：00为阅览时间，并注意解决读者往返就餐之烦劳，规定可自备膳资委托藏书楼厨师代办三餐，免费供应茶水等，颇具现代图书馆的服务意识。古越藏书楼还注意动员广泛社会力量襄助藏书楼事业，征集赠书，提倡私藏通过一定手续、在一定时间内"存书"于藏书楼，以利公众检阅等，这些都是过去旧式私家藏书楼不可能实行的。

古越藏书楼在抗日战争前，改名为"绍兴县立图书馆"，今日已并入鲁迅图书馆。现在绍兴古越藏书楼遗址，尚存首进石库墙门及临街之楼。

嘉业堂藏书

自清代至近代，300余年间，我国私人藏书楼以千余计，而能以御赐书匾额榜自家藏书楼的，仅有浙江南浔的嘉业堂一家。它的主人便是浙江著名民族资本家刘承幹。

刘承幹（1881—1963年），字贞一，号翰怡，别署求恕居士。其祖父刘镛，经营湖丝出口生意，至清同治初年时财富已甲于一方，成为南浔一带四象中最有权势、最富有的四大豪门之冠。其生父刘锦藻则是著名的《清朝续文献通考》的纂辑者。承幹幼年时，因其伯父刘安澜早亡无子，由祖父做主，出继为安澜后嗣。光绪二十五年（1899年），祖父刘镛病逝，于是乎，刘承幹便以"承重孙"的身份一夜之间成为豪富，继承与主持了祖父遗留下来的偌大家业。

刘承幹搜聚书籍始于宣统二年（1910年），在应邀出席清廷的南洋劝业会议期间，他却"独步状元境各书肆"大批搜购，引起书市的瞩目。等他返家后，书商便专程送书上门，纷至沓来。辛亥革命后，刘承幹定居于上海爱文义路，以其丰厚的家财实力，大量收集古今图书。他还结交了在沪"避难"的许多清朝遗老，发起组织"淞社"，定期聚会，一些生活拮据的遗老们愿意将藏书出售于他。他既心好之，又有财力，便来者不拒，趁机兼并了十几家

嘉业堂藏书楼

私人藏书楼。他曾在《嘉业堂藏书记》中说："逾年辛亥，武汉告警，烽燧达于江左，余避居淞滨，四方衣冠旧族，避寇氛而来者益多，遂为中原文献所聚。"购进卢址抱经楼、丁日昌持静斋、缪荃孙艺风堂和丁氏八千卷楼、祁氏澹生堂等著名藏书楼散出的大量书籍。

刘承幹搜求图书如海涵百川之势，仅短短六七年，其声势直追清末著名的瞿氏铁琴铜剑楼等藏书大家。

刘氏藏书，初庋于上海寓所内的求恕斋，后因容纳不下急剧增长的古籍，从民国九年（1920年）起，在家乡南浔故居小莲庄旁，买地20余亩，耗金12万元，建造藏书楼。因为他曾捐资为光绪皇帝陵园植树，宣统皇帝溥仪曾赐刘家"钦若嘉业"金匾。民国十三年（1924年），当藏书楼竣工时，他便将此楼命名为"嘉业堂"，以示纪天恩并光耀天下。嘉业堂是一座口字形回廊式两层建筑，前后两进各有七楹，有房80余间，包括宋四史斋、诗萃室、黎光阁、求恕斋、希古楼、抗希居等书斋，庋藏书籍882橱，另设阅览室、工

165

作室、刊印房，成为自民国以来规模最大的私人藏书楼。

嘉业堂藏书楼全盛时期在民国十四（1925年）至二十一年（1932年），庋藏各类古籍1200余部，16万册，60万卷（真正实数为57万多卷），均为线装书。就藏书数量而言，嘉业堂超过清末全国四大藏书家——杨氏海源阁、瞿氏铁琴铜剑楼、陆氏皕宋楼、丁氏八千卷楼，成为我国历史上藏书量最大的私人藏书楼。嘉业堂藏书多且精：

（1）有宋刊本65部，元刊本74部及21部宋、元、明递修的三朝本。这些珍本主要是从著名藏书家缪荃孙、袁克文等藏书楼觅得。

（2）所收抄本甚为可观，如明代各朝皇帝《实录》抄本，近3000卷。这些抄本精善珍贵，价值极高，为此中央研究院历史语言研究所校勘自藏的《明实录》时，曾到嘉业堂抄校外配阙佚的内容，有的阙疑之处竟达千字之多！另外，还收藏有80卷、42册《永乐大典》抄本。这个数目，在国内仅次于北平图书馆之所藏。再有徐松辑抄自《永乐大典》的《宋会要》五六百卷，后由北平图书馆洽购、整理出版。

（3）藏有重要的明代史料。嘉业堂共藏明刊本2000部，"为嘉业堂精华所萃"，其中明人文集达600种，多为《四库全书》所未收者。还有明代政治、经济、边防的重要史料，也属世间珍籍。这些明刊本如今有60%收藏于台湾。

（4）藏有地方志1200余种，多为世间不经见之本。就数目而言，居国内外公私收藏中的第11位，在私藏中仅次予以收藏方志为主的任振采的天春园。就价值而言，有些均属人间孤本。这些方志中，有20余部在抗战中卖给了中央图书馆，其余的大部分于新中国成立后卖归浙江省图书馆，一部分于1954年由复旦大学收购。

嘉业堂刻书甚多，其中"多稿本秘册未经传播者"。为校勘刻书，曾聘缪荃孙、叶昌炽、杨钟羲等名家为之鉴定校订。所刻包括：《嘉业堂丛书》56种，750卷；《吴兴丛书》64种，850卷；《求恕斋丛书》30种，241卷；《留余草堂丛书》10种，60卷；《希古楼金石丛书》5种，50卷；又刻宋版"四史"、《旧五代史注》《晋史斠注》《章氏遗书》及自辑自撰的《明史例案》9卷、《南唐书补注》18卷、《王文敏公遗集》8卷等。

日寇侵华前，刘氏已家道中落，其镇库之宝——宋版"四史"等售予潘氏宝礼堂；徐松所辑的《宋会要》稿本售予北平图书馆；手抄全部《明实录》售予中央研究院；《永乐大典》残本售予大连满铁图书馆，后辗转苏联列宁图书馆归入北京图书馆。抗日战争爆发后，日本人对嘉业堂的藏书尤其觊觎，特命南浔驻军严加监视，并胁迫刘承幹参加上海治安维持会。民国二十九年（1940年），在日寇的威吓笼络兼施下，刘氏欲以80万元售其藏书，美国人亦欲染指，各书贾也蠢蠢欲动。"文献保存同志会"的叶恭绰、郑振铎等人晓以民族大义，以25万元购买了所藏明刊本1200余种，归重庆中央图书馆，后运至台湾；另外，浙江大学、香港大学、复旦大学也分别收购其藏书。1951年，刘承幹将大量鬻而未尽的图书全部捐献给浙江图书馆，经统计，共11万余册图书、3000余册杂志、自刻书2万册、版片3万片。嘉业堂也改成浙江省图书馆的一个古籍书库，被列为省级重点文物保护单位。我国历史上规模最大的私人藏书至此告终。

作为中国早期民族资本家的刘氏家族，三代人均从事商业、文化、教育、科技等方面有益于社会的工作。刘承幹接管祖业后，除经营生丝外，一生大部分精力均放在买书、聚书、校书、刻书上，出于朴素的爱国热忱，不惜资财，苦心孤诣于祖国文化遗产的保存与传播，其精神实可嘉许而流芳后世。

第四节
心清自得诗书味——古代名家藏书

藏书是一种雅好，历朝历代多有名人将它作为自己毕生的事业而苦心经营。

名家藏书概述

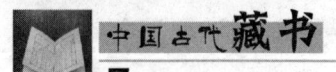

宋代史学家司马光，藏书达万册，有"藏书癖"之称。南宋大诗人陆游则将其居室直接取名为"书巢"。历史上也有只藏不读的藏书人，登峰造极者莫过于天一阁的主人范氏子孙，他们甚至把藏书作为一种宗教式的朝拜对象。当然，书藏而不读，也有妙处。单是看那长长的一排书籍，用手从一端开始一路抚摸过去，就有无穷乐趣。但若藏书只为情趣，而不用不考，必行之不远。明代藏书家高濂"藏以致用"的意识颇有见地："得见古人一言一论之秘，以广心胸未识未闻。"

藏书家的乐趣，有时也不仅仅在用书上，比如他们大都喜欢在新获图书上盖一方自己的藏书印章，以表达自己的个性情致。如明代藏书家祁承㸁的藏书印章是："澹生堂中储经籍，主人手校无朝夕。读之欣然忘饮食，典衣市书恒不给。后人但念阿翁癖，子孙益之守弗失。"不仅流露出了爱书之情，而且表达了读书之乐。《榆园丛书》的作者清人许益斋，其藏书印文深含哲理："得之不易失之易，物无尽藏亦此理。但愿得者如我辈，即非我有益可喜。"其藏书观、珍书情跃然纸上，更显其境界之高雅。

古今名人多注重精神生活，酷爱藏书中蕴藏的那股古雅深邃、静逸无边的气息。明代藏书家吴从先有言"藏书之户明净而深"，"读书得此护持，万卷尽生欢喜"。概括而言，名家藏书的主要特点是精品多，绝版多，个人色彩重，不易为外人所见。

纪晓岚藏书

纪昀（1724—1805年），清代学者、文学家。字晓岚，一字春帆，号石云。河北献县人。纪昀性情坦率，言语诙谐，工诗善对，才思敏捷。以博才学识深得乾隆帝赏识，被命为《四库全书》总纂官。主持编撰《四库全书总目提要》，历时13年完成全书。著有《纪文达公遗集》《阅微草堂笔记》。

纪昀曾用斋号有阅微草堂、三十六亭、水明楼。

"阅微草堂"地处北京虎坊桥（今西城区珠市口西大街）。纪昀在《阅微草堂笔记》中记载，该寓所原称阅微草堂，为威信公故宅，始建于清雍正中

阅微草堂

叶。草堂前院尚有当年纪昀手植的紫藤，每到四五月间，茂密的枝蔓叶茎，几乎笼罩整个庭院。两株紫藤相互攀绕，藤花迎风盛开，郁郁葱葱，庭院一片幽香。沿着一条古朴幽雅的走廊来到后院，可见一座宽敞古雅的大厅，这就是当年纪昀的书斋阅微草堂所在。乾隆年间，纪昀以数千金购北京琉璃厂书肆将书庋藏于阅微草堂中。纪昀自题一联：

书似青山常乱叠，
灯如红豆最相思。

当年挂于藏书室中的"阅微草堂"匾额墨迹是与纪氏同朝的进士、学者桂馥亲笔所题，原物现存于中国书店。

纪昀资质聪慧，博闻强记，贯通群籍，旁证百家，是清朝著名的学者。他一生历尽坎坷，曾获罪谪戍迪化（今乌鲁木齐），两年后被召还。赦还后，纪昀在阅微草堂挑灯审阅，把《四库全书》的36000多册书读完，主持编撰了200卷的《四库全书总目提要》，至乾隆四十六年（1781年）写完。特别是到晚年，他长夜伏案疾书，追寻见闻，写下笔记小说《阅微草堂笔记》，计24卷，享与《红楼梦》《聊斋志异》并行海内之盛誉。

鲁迅在《中国小说史略》中评价他："本长文笔，多见秘书，又襟怀夷旷，故凡测鬼神之情状，发人间之幽微，托狐鬼以抒己见者，隽思妙语，时足解颐；间杂考辨，亦有灼见。叙述复雍容淡雅，天趣盎然，故后来无人能夺其席，因非仅借位高望重以传者矣。"鲁迅在评价了《阅微草堂笔记》成就的同时，"发人间之幽微"，点出其阅微草堂的寓意所在。

纪昀的阅微草堂遗址现已改成专营山西风味的"晋阳饭庄"，不过，院内草堂风貌依旧。另外，因纪昀曾遣戍新疆，故乌鲁木齐人民公园鉴湖旁也有阅微草堂的遗迹。

林则徐藏书

林则徐（1785—1850年），清代杰出的政治家、民族英雄。字元抚，又字少穆、石磷，晚号俟村老人。侯官（今福建福州）人。先后任湖广总督、陕西巡抚、云贵总督等职。1838年，赴广东查禁鸦片，迫令英美烟贩交出鸦片237万余斤，于虎门当众销毁。著有《林文忠公政书》《信及录》《云左山房文钞》《云左山房诗钞》等。

林则徐1830年离开家乡，至1849年因病回归故里，长期的官宦生涯使他无暇顾及家乡田产。他父亲死时留给他田产十契，房屋23间。返乡后，他把这些田宅分给三个儿子，只留下文藻山住宅作为自己栖息之所。这是一栋三进五间排木构房屋，坐南朝北，大门濒临小河，沿河筑有照墙一道，四面风火墙。这里为低洼地带，每临汛期，闽江水涨时，这所住宅往往被淹，梁柱大多朽坏，已经难以修复。由于无钱另行购买新房，只得将就居住于此。寓所楼上为书房，取名"云左山房"，福州方言"云左"与"文藻"谐音相同。"云左山房"即后人俗称的"七十二峰楼"。室内用红木博古书橱隔成数间，楼柱挂有楹联，乃林则徐自撰，梁章钜书写：

坐卧一楼间，因病得闲，如此散材天或恕；
结交千载上，过时为学，庶几秉烛老犹明。
师友肯临容膝地，儿孙莫负等闲书。

第五章 千秋仰止宫墙近——古代私家藏书

林则徐塑像

山房中藏有林则徐平生购置的各类书籍,其中一部分是外文书报。在云左山房里,他着手整理旧稿,将在西北时期写的《西北水利》细加修订。他有感于民生国计,在书斋中还撰写了《消暑随笔跋》《重修福清文庙碑记》等文章。又把《使滇吟草》《黑头公集》等诗稿选辑成《云左山房诗钞》。以斋名命名的文集尚有《云左山房文集》《云左山房文钞》和《云左山房杂录》。云左山房丰富的藏书亦为次子林聪彝编《云左山房书目》提供了有利条件。林则徐根据云左山房著书心得,自撰格言两则:

读史有怀经世略,
检方常著活人书。
西塞论心亲旧雨,
东山转眼起亭云。

曾国藩藏书

湘乡曾氏是个大家族,在中国近代史上举足轻重。但它不同于旧式的封建家族,也不同于新式洋化大家族。它有很浓厚的文化气息,重藏书,重教化;无盛气,无奢侈,无愚昧。曾家几代多人都有藏书。

其父曾麟书(1790—1857年),字竹亭,湖南湘乡人。平生困苦于学,以课徒授业为生。建有利见斋书室,积有数千卷常用书籍,曾国藩曾为之编过一个书目。他留有一条家训联语:"有诗书,有田园,家风半读半耕,但以箕裘承祖泽;无官守,无言责,时事不闻不问,只将艰巨付儿曹。"对曾家影响很大。

曾国藩(1811—1872年),字涤生,号伯涵。道光十八年(1838年)进士,授检讨,历官礼部侍郎。会太平军起,在籍督办团练,组湘军,以功封毅勇侯,至直隶总督、大学士、两江总督。国藩学主实践,家中女织男耕,一生勤学苦读。著有《求阙斋文集》《诗集》《日记》《奏稿》《家书》《家训》,辑编《经吏百家杂钞》《十八家诗钞》等百数十卷,有《曾文正公全集》行世。

曾氏有大量藏书,是从曾国藩集起。他一生除从政治兵外,读书、买书、著书、刊书是他唯一的嗜好。他的治家信条是"书蔬龟猪早扫考宝",把书摆在重要的首位。他任两江总督时是他大量收书的主要时期。江浙一带为重要的藏书刻书之地,他曾委派莫友芝为他专门访求遗书。除购买外,他

曾国藩画像

第五章　千秋仰止宫墙近——古代私家藏书

的僚属、地方官绅投其所好，纷纷以书呈赠，也是他扩充藏书的重要一途。据曾国藩日记所记，自咸丰末年至同治五年，十余年间，向其赠送书籍的就有30多人次，达600余种书籍。例如莫友芝送武英殿聚珍版《水经注》《元和郡县志》《说文校义》等；邵位西送《庄子》《知不足斋丛书》等14种；许仙屏送书帖两箱；丁义芳从九江送书四篓；庄木生寄书一篓，又《宋诗纪事》等四部；刘霞仙送《石经》等26套。何廉昉送殿版《二十四史》一套。苏源生送《中州文征》《鄢陵文献志》《记过斋丛书》等；谢希迁送《通典》《通考》等五部；邓小芸送《沅湘耆旧集》200卷；庄思永送《三希堂法帖》《大观帖》《皇南碑》等；冯竹渔送《海山仙馆丛书》《粤稚堂丛书》；等等。这些多为极其珍贵的书品。

曾国藩对资料的积累和保藏也极其重视。他和家人写信都用统一的格纸，过后都一册册装订保存下来。他在军中的日记、奏疏及其他公文资料也都逐年装订成册寄家保存。如《李秀成供词》就曾藏于他的公记书楼。

曾国藩还喜欢刻书，刊刻《船山遗书》就是他的一大功绩。全书422卷，历时3年，所费不薄。且该书被清朝列为禁书，他敢刻禁书，也是一件了不起的决断。他还在南京创始成立了金陵官书局，网罗学者编刻了许多书籍，在其影响下，先后有7个省仿效。

曾国藩对书楼、书箱的建造制作也亲做设计，给家人写信嘱咐："读书乃寒士本业，切不可有官家风味，吾于书箱及文房器具，但求为寒士所能备者，不求珍异也。书箱四方上下皆有方木为柱为框，顶底及两头用板装之，前后横板三块，如吾乡仓门板之式（可开可合）。出门则以绳络之而可挑，在家则以架乘之而可累两箱、三箱、四箱不等。开前仓板则可作柜，并开后仓板则可通风。"（《曾国藩家书》）

曾氏于同治三年（1864年）将旧宅故居扩建为侯府，大门悬"毅勇侯第"朱地金匾，正堂名富厚堂，取《汉书》功臣表中记"富厚如之"一语之意。内辟有八本堂、求阙斋、归朴斋、筱咏斋、艺芳馆、思云馆，皆有藏书。院内竹木扶疏参天，楼阁掩映，幽静宜人。

八本堂是专藏曾氏手稿、日记、奏章、各类公文、账目、信札以及曾氏选编前人著述手抄本的专室。

求阙斋藏书楼，取名"求自缺陷不满之处"。楼系三层建筑，实际用于藏书的是第三楼的五间房子，计380平方米。因专收藏曾国藩的藏书，故其后人称之为公记书楼，编有《公记书目》，总计不下 10 万卷。

归朴堂是曾纪泽藏书之所，亦称朴记书楼。名取《吕氏春秋·论人》篇中"故知知一则复归于朴"一语。曾纪泽（1839—1890 年），字劼刚，为国藩长子，研究心经史，诗文卓然成家，精通西国语言文字，曾任出使英法钦差大臣，驻俄全权公使。其藏书室在三楼，用两间约 100 平方米，除经史子集外，以收藏西洋文化书籍为其特色。

艺芳馆是曾国藩第三子曾纪鸿及夫人郭筠的藏书室，亦称芳记书楼。二楼收藏医、卜、星、算等书，三楼收藏经、史、子、集等书。各占两间约 200 平方米。曾纪鸿学问广泛，精研天文、算学、英文、星卜之学；为著名数学家。著有《圆率考真图解》《对数详解》《栗布演算》等。其夫人郭筠亦精诗文，著有《艺芳馆诗钞》。光绪年间，郭筠主持曾氏家政，亲课儿曹。她远见卓识，思想开朗，曾氏三房男女孙辈，20 余人均被远送英美学习科学，多数成为学者教育家，如曾宝荪、曾约农、曾昭权等，无一人从政做官。

思云馆是一座二层楼房，古代以"望云思亲"表示怀念父母，原为曾国藩建成本想作为自己终老林泉之所。同治六年（1867 年）以后做了曾府学堂。抗战时期曾纪鸿的孙女曾宝荪把自己办的长沙艺芳女校的图书、仪器移藏于此，便成了她的藏书所，计有十几大架书籍。

此外，曾纪鸿之子曾广钧还有环天室和筱咏斋藏书，情况已不十分清楚了。上述各处藏书均编有书目。现除《公记书目》归藏湖南省图书馆外，其他均已佚失。

曾氏藏书设有专管人员，前后计四人：彭芳六、贺老头、王子陵及其女王席珍。这在中国私家藏书史上也是绝无仅有的。

另外，曾氏在北京台基厂宅第也有部分藏书。不过，在 1900 年八国联军攻入北京时毁于战火了。

曾氏富厚堂到底共有多少藏书，没有确切统计数字。据有关人士的回忆，保守的估计，古籍线装书不下 30 万卷，另有平装书数万册，还有不少档案史料，大量珍贵字画、金石碑帖等文物。

第五章 千秋仰止宫墙近——古代私家藏书

知识链接

曾氏家族藏书的归宿

曾氏家族藏书的下落流归，大体如下：

（1）有很大一部分在解放初期流散到民间，包括被有些当事人顺手拿走。如解放初期双峰县政府曾取走若干担图书及家具。

（2）双峰县图书馆曾收藏了曾氏部分图书。

（3）湖南省图书馆收藏曾氏藏书最多，总计有一万余册。

（4）新中国成立前夕，曾宝荪、曾约农离开大陆时，曾将曾国藩、曾国荃、曾纪泽的大部分日记、信札、奏疏手稿及部分珍贵书籍、文物等，用特制的五大口铁箱装封，由师爷贺云章押运海外。据说有一箱被贺留在大陆，下落不明。其余四箱带到台湾，1972年曾宝荪把它寄存在台北故宫博物院。

盛宣怀藏书

盛宣怀（1844—1916年），字杏荪，号次沂，又号补楼，江苏武进人。他是晚清以洋务起家的大官僚。同治九年（1870年）入李鸿章幕，初任内文案，又先后总管招商局、电报局、铁路总公司、汉冶萍公司。由淮军幕而入官，授命邮传大臣、红十字会会长，一生官运亨通，财源横流。

盛宣怀在治事之余，又颇寄情于图书、金石、书画。以其地位和财力，不数年而大有所积。收藏多为江南故家散出者，以苏州江氏灵鹣阁、巴陵方氏碧琳琅馆和杭州王氏退圃旧藏为多。其中以宋版《圣宋文选》《通鉴纪事本末》最享盛名。他还曾远游日本，在异域购得1500部以上，这又成为他的一个特藏。他的藏书思想也属于比较开明的一派，曾和端方相约各出私藏共建一个"淞滨金石图书院"，公诸天下后世。他还刻就一方"贻之子孙，不如公

175

之同好"的印章。而端方爽约，他自行其志，于宅旁拨地十余亩，构造了一所愚斋图书馆，于宣统二年（1910年）落成，入藏各类图书达十余万册，还聘请缪荃孙编成《愚斋图书馆藏书目录》18卷，另有《盛氏图书馆善本书目》4卷。

盛宣怀故后，民国二十三年（1934年），盛氏家属将其藏书分别捐赠圣约翰大学、交通大学和山西铭贤学校三校。上海圣约翰大学分到66607册、132027卷，包括明刊本近500种，日本刊本也近500种，方志六七百种，其中不少是精品。解放后这批书调到华东师范大学图书馆，300多种医书调给上海中医学院图书馆，其中有33种是孤本。上海交通大学分到577种，16002册，28821卷，1956年这批书又调给安徽合肥师范大学图书馆。分给山西铭贤学校者数目不详，后又转调给山西农学院图书馆。

盛宣怀旧照

在抗日战争时期，盛氏藏书精善本又屡见散出，上海中国书店曾整批购下数十箱，还有流于东瀛者。

新中国成立后从盛氏祠堂中移交公库的图书还有81287册。其中善本45种，1060册；盛氏刻印书18种，27064册。另外由上海市房管局移交之盛氏后街盛升颐案内之图书又有3000余册。文件、档案、信函等计808包，分装40箱，均归藏上海图书馆。

藏书之外，盛宣怀收藏金石书画文物也不少。他收购以研究明史著名的王颂蔚旧藏明人尺牍数百札。他还收藏历代状元手迹200余家。他曾计划另建一所艺术馆珍藏，但终未建成。其金石书画下落流散情况不明。

盛宣怀除收藏之外，还刻印了一些书籍，计有《常州先哲遗书》初集40种，64册；续集30种，40册。刻此书聘请缪荃孙主持，抉择严谨，刻工精良，深得藏书家赞誉。晚年又刻成一部《卫生丛书》。盛宣怀还极重视译书，在其创办南洋公学时，附设译书院，延张元济为院长，译刊各类图书达54种。

盛宣怀一生著述信札等文字，在其逝世后，由家人旧僚整理刊成《盛尚书愚斋存稿初刊》100卷。

知识链接

张之洞及其《书目答问》

乾隆四十七年（1782年），我国历史上规模最大的丛书《四库全书》修成。7年之后，《四库全书总目提要》亦告竣。《四库全书总目提要》对10254种古代典籍分类编排，并作出简要考订和评论。至今为止，它仍是最重要的问学门径之书，但其内容繁杂，不易被初学者掌握。而且，《四库全书总目提要》编成以后近百年内，又有大量学术著作问世，这就迫切需要有一部"以约驭繁"且吸收最新学术成果的版本目录学著作，来充当治学者的入门向导。

张之洞的《书目答问》便担负了这一任务。《书目答问》的最大特色是切于实用。张之洞在《略例》中标明著述宗旨："读书不知要领，劳而无功；知其书宜读而不得精校精注本，事倍功半。今为分别条流，慎择约举，视其性之所近，各就其部求之。又于其中详分子目，以便类求……凡所著录，并是要典雅记，各适其用。总期令初学者易买易读，不致迷罔眩惑而已。"

《书目答问》共收录典籍2200余种，学术精要之作，基本网罗。又于每一种书目下列举若干重要的、通行的版本，加以简要切当的比较，以为初学者指点要津。

由于《书目答问》具有简约、精要、实用的特点，素为学界所推重。梁启超回忆，他少年时代"得张南皮之《輶轩语》《书目答问》，归而读

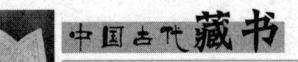

之，始知天地间有所谓学问。"对国粹派素持批评的鲁迅，于真正的中国学问仍深表敬意。1927年，他在抨击"整理国故"口号的同时，又告知青年："我以为要弄旧的呢，倒不如姑且靠着张之洞的《书目答问》去摸门径去。"清末至民国间，求国学的入门之径者，莫不求教于张之洞的《书目答问》，仅此一例，即可见张氏在中国近世学术史上的地位。

康有为藏书

康有为（1858—1927年），字广夏，号长素，又号更生，广东南海人。人又称南海先生。倡导变法维新。戊戌政变后逃亡日本，居国外16年，民国成立后回国，晚年主要以著述、翻阅书画消遣岁月，生平著述达126种。

康有为故居

第五章 千秋仰止宫墙近——古代私家藏书

万木草堂内景

康有为出自岭南藏书世家,其叔祖名国器者,官至安西巡抚,建有澹如楼和二万卷书楼,已有藏书数万卷。另一叔祖名国熔者,别有七松轩,藏书万卷。

《康南海自编年谱》自述说:"余家小有藏书,久好涉猎,读书甚多……光绪五年(1879年)还乡,居于二万卷书楼及澹如楼中,或养心或读书,超然物外……别筑云衢书屋。光绪八年购碑刻,讲金石之学。经上海,大购西书以归讲求焉。光绪十四年大收汉碑。光绪二十四年(1898年),封吾云衢书屋,吾所藏之书及所著书稿尽失矣。又建万木草堂,以吾所著书及藏书三百余箱,尽付一炬。所著行之书,亦已行各省毁版矣。"

康有为早期在广州讲学时曾建有万木草堂藏书,供弟子们自由阅览并共同管理,梁启超等几位弟子又捐添一些,多达300余箱。所有康氏上述藏书,在戊戌政变中均被查封,或焚毁,或散失。

康有为在戊戌政变后,逃离流亡国外16年中,足迹遍布各大洲,也曾广泛收集图书文物。如从锡兰(今斯里兰卡)带回贝叶经;从日本购得大量日

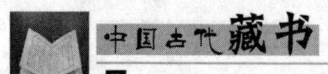

汉文书籍，这又为他再建藏书打下了基础。

　　康有为从海外归来后，又大量收购，积累了大量藏书。其晚年的藏书处有三处：一是上海愚园路住宅内的延香堂；二是杭州西湖天园内的天游堂；三是青岛福山路的天游园。而以延香堂为主，总藏数有十几万册，数十万卷。其中有像《资治通鉴》宋元刊本22部，明刊本也有200多部。还有大部分的《古今图书集成》，原系孔广陶三十三万卷楼旧物。还有一部元代佛经《普宁藏》，计1200册。佛经的收藏也成为了康氏藏书的一个特色。

　　康有为逝世后，其藏书分散了，大宗的归入广西大学，有近2000种、2万余册。元版《普宁藏》售于浙江王寿山。《古今图书集成》早已抵债弃之。其余则尽被其家属出售，散见于中国上海、广东、香港、青岛、镇江、台湾，以及美国等地。

　　康氏藏书目录，传世者有《万木草堂书目》《南海珍藏宋元版书目》和抄本《康氏藏善本书目》。

图片授权

全景网

壹图网

中华图片库

林静文化摄影部

敬　启

　　本书图片的编选，参阅了一些网站和公共图库。由于联系上的困难，我们与部分入选图片的作者未能取得联系，谨致深深的歉意。敬请图片原作者见到本书后，及时与我们联系，以便我们按国家有关规定支付稿酬并赠送样书。

　　联系邮箱：932389463@qq.com

参考书目

1. 范凤书著．中国私家藏书史（修订版）［M］．武汉：武汉大学出版社，2013.
2. 范凤书著．中国著名藏书家与藏书楼［M］．郑州：大象出版社，2013.
3. 冯晓霞著．浙东藏书史［M］．杭州：浙江工商大学出版社，2013.
4. 桑良至著．中国藏书文化（第2版）［M］．北京：中国财政经济出版社，2012.
5. 马嘶著．学人藏书聚散录［M］．北京：清华大学出版社，2010.
6. 陈心蓉著．嘉兴藏书史［M］．北京：北京图书馆出版社，2010.
7. 王绍仁主编．江南藏书史话［M］．上海：上海古籍出版社，2009.
8. （德）卢修斯著．陈瑛译．藏书的乐趣［M］．上海：三联书店，2008.
9. 薛贞芳著．徽州藏书文化［M］．合肥：安徽大学出版社，2007.
10. 范凤书著．私家藏书风景［M］．石家庄：河北教育出版社，2007.
11. 顾志兴著．浙江藏书史［M］．杭州：杭州出版社，2006.
12. 黄玉淑，于铁丘编著．趣谈中国藏书楼［M］．西安：百花文艺出版社，2003.
13. 郁田编著．中国藏书票精点［M］．福州：海峡文艺出版社，2003.
14. 李致忠著．古书版本学概论［M］．北京：北京图书馆出版社，2003.
15. 黄建国，高跃新主编．中国古代藏书楼研究［M］．北京：中华书局，2002.
16. 任继愈主编．中国藏书楼［M］．辽宁：辽宁人民出版社，2001.
17. 周少川著．藏书与文化：古代私家藏书文化研究［M］．北京：北京师范大学出版社，1999.
18. 焦树安著．中国藏书史话［M］．北京：商务印书馆，1997.

中国传统民俗文化丛书

一、古代人物系列（9本）
    1. 中国古代乞丐
    2. 中国古代道士
    3. 中国古代名帝
    4. 中国古代名将
    5. 中国古代名相
    6. 中国古代文人
    7. 中国古代高僧
    8. 中国古代太监
    9. 中国古代侠士

二、古代民俗系列（8本）
    1. 中国古代民俗
    2. 中国古代玩具
    3. 中国古代服饰
    4. 中国古代丧葬
    5. 中国古代节日
    6. 中国古代面具
    7. 中国古代祭祀
    8. 中国古代剪纸

三、古代收藏系列（16本）
    1. 中国古代金银器
    2. 中国古代漆器
    3. 中国古代藏书
    4. 中国古代石雕
    5. 中国古代雕刻
    6. 中国古代书法
    7. 中国古代木雕
    8. 中国古代玉器
    9. 中国古代青铜器
    10. 中国古代瓷器
    11. 中国古代钱币
    12. 中国古代酒具
    13. 中国古代家具
    14. 中国古代陶器
    15. 中国古代年画
    16. 中国古代砖雕

四、古代建筑系列（12本）
    1. 中国古代建筑
    2. 中国古代城墙
    3. 中国古代陵墓
    4. 中国古代砖瓦
    5. 中国古代桥梁
    6. 中国古塔
    7. 中国古镇
    8. 中国古代楼阁
    9. 中国古都
    10. 中国古代长城
    11. 中国古代宫殿
    12. 中国古代寺庙

五、古代科学技术系列（14 本）
   1. 中国古代科技
   2. 中国古代农业
   3. 中国古代水利
   4. 中国古代医学
   5. 中国古代版画
   6. 中国古代养殖
   7. 中国古代船舶
   8. 中国古代兵器
   9. 中国古代纺织与印染
   10. 中国古代农具
   11. 中国古代园艺
   12. 中国古代天文历法
   13. 中国古代印刷
   14. 中国古代地理

六、古代政治经济制度系列（13 本）
   1. 中国古代经济
   2. 中国古代科举
   3. 中国古代邮驿
   4. 中国古代赋税
   5. 中国古代关隘
   6. 中国古代交通
   7. 中国古代商号
   8. 中国古代官制
   9. 中国古代航海
   10. 中国古代贸易
   11. 中国古代军队
   12. 中国古代法律
   13. 中国古代战争

七、古代文化系列（17 本）
   1. 中国古代婚姻
   2. 中国古代武术
   3. 中国古代城市
   4. 中国古代教育
   5. 中国古代家训
   6. 中国古代书院
   7. 中国古代典籍
   8. 中国古代石窟
   9. 中国古代战场
   10. 中国古代礼仪
   11. 中国古村落
   12. 中国古代体育
   13. 中国古代姓氏
   14. 中国古代文房四宝
   15. 中国古代饮食
   16. 中国古代娱乐
   17. 中国古代兵书

八、古代艺术系列（11 本）
   1. 中国古代艺术
   2. 中国古代戏曲
   3. 中国古代绘画
   4. 中国古代音乐
   5. 中国古代文学
   6. 中国古代乐器
   7. 中国古代刺绣
   8. 中国古代碑刻
   9. 中国古代舞蹈
   10. 中国古代篆刻
   11. 中国古代杂技